アメリカの不運、日本の不幸
——民意と政権交代が国を滅ぼす

中西輝政

GENTOSHA

はじめに――今、なぜ「二つの衰退」が重大なのか

*「統治不能国家」日本は、一体どうなるのか

日本は今や、統治不能の国となりつつある。

二〇一〇年六月二日、鳩山由紀夫首相は、突然辞任を申し出た。在任わずか八カ月半で、日本のトップは、またもや政権を投げ出したのだ。与党・民主党は、急遽《きゆうきよ》、副総理だった菅直人を後任に選出して当面を糊塗《こと》したが、参院選では大敗を喫した。

民主党は何とか政権を保ったものの、この政権が抱える矛盾と足元の危うさは、一段と深まった。昨年、あれほど多くの国民の期待を集めて政権交代した民主党も、場合によると、次の総選挙までに大分裂し、姿を消しているかもしれないのである。

これらの現象に対し、日本の政治に詳しい英国・ケンブリッジ大学のジョン・スウェンソンライト教授は、次のように評した。

「日本は短期間に首相が次々に代わり、急速に統治不能な国になってきたかのようだ」（『朝日新聞』二〇一〇年六月五日）

政権与党である民主党が、目下の最大課題だった参議院選を控え、「政治とカネ」の疑惑や**独裁の手法でいたって評判の悪い小沢一郎氏のイメージを払拭**する、いわゆる「小沢隠し」をしようとした跡は歴然としている。

予想以上の大敗となった今回の参院選後、あるいは九月の党代表選のあと、依然として「最高実力者」である小沢氏の動向によっては、菅政権の寿命は自ずと限られてくる。そしてまたもや、「統治不能な国」の恥を上塗りすることになりかねない。

たしかに今、表面的には、日本の街中を歩いていても、交通信号はきちんと機能し、鉄道も時間通り運行している。犯罪は増えたが、各地で略奪や暴動が横行しているわけではなく、それどころか、人々はいたって律儀に秩序立った生活を維持している。自治体のゴミ収集車は、毎日規則的に収集を続け、今のところ、世界でも有数の清潔な都市環境を確保している。

一体、今の日本のどこを指して「統治不能」というのか。

単に、政治がおかしくなっているだけで、人々の日々の暮らしや国自体は普段通り機能しているではないか。そういう反問も聞こえてきそうだが、もし「目に見えるもの」以外にも視線を向ければ、事態はそう簡単ではないことがわかる。

日本人は、戦後長い間ずっと「経済一流、政治三流」といって、**自国の政治の質に余りにも無関心**でありすぎた。しかし、近年、「経済一流」がもはや過去のことになってくると、急に「政治への期待」を高め、性急に成果を求め始めた。

政治に期待すること自体は、決して誤りではなく、むしろ当然のことであろう。しかし、その焦りにも似た性急すぎる期待感が、マスコミの視聴率第一主義、ネット空間の未成熟な状況と相まって、感情的なポピュリズム（大衆迎合）を高めている。結果として、それが政治の混乱に拍車をかけ、国の衰退を速めているのである。

このままでは、おそらく、何度政権交代を繰り返しても、政治の質が目立って向上することは期待薄であり、むしろ、**政権交代のたびに、日本は奈落の底に落ち続ける**はずだ。

この意味で、日本の政治は、現在明らかに、いわゆる「ラテン・アメリカ的混乱」のパターンを見せ始めている。じつは、日本という国は、とくに目に見えないところで、それほど深く「傷《いた》んで」いるのである。

＊ギリシャ危機は他人事ではない

本書の出版を思い立ったのは、二年ほど前に遡《さかのぼ》る。当初は、二〇〇八年秋の大統領選挙で現実となったアメリカの政権交代を論じ、それを通じてアメリカという国の長期的な展望を考えることをテーマにするはずだった。そこでの主要なテーマは、「アメリカ衰退の可能性」ということであった。

しかし、その後、**足元の日本で、思いがけない「底抜け」の危機が到来**してしまったのである。鳩山政権の登場と民主党政治の現実に直面して、「今そこにある危機」として、差し迫った日本の崩れが視野に入ってきた。

しかも、今日までおよそ二十カ月間の世界は、二重の意味で予想もしなかった激動が続き、現在に至るも収まる気配を見せない。「百年に一度」と言われた〝リーマン・ショック〟だったが、「当初の予想に反し、世界経済は早期に回復基調に入った」と人々は語り始めていた。しかし、今年に入り再び「予想に反し」て、ギリシャ危機に見られるように、〝リーマン・ショック〟の余波が寄せ返してきた。

欧州の共通通貨として鳴り物入りで喧伝《けんでん》されてきた「ユーロ」の将来は、〝風前の灯〟とさえ評されるようになってきた。しかし、それ以上に、日本にとって深刻な事実は、大きな財政赤字を抱えた国には、大緊縮政策という「涙の峠」を越えていくか、はたまた「動乱と衰亡の道」しかないとはっきりと示されたことであった。

にも拘《かかわ》らず、テレビやネット空間では、いまだに「財政危機は作り話だ！」といった**大衆迎合の無責任なコメントが氾濫**している。これこそ、「ギリシャ化」というより「ラ米《べい》化」（ラテン・アメリカ化）の何よりの証しなのである。

一方、アメリカのオバマ政権は、「予想に反し」て、冷めた現実主義の政治路線を手堅く追求しているが、他方では予想通り、国内に多くの問題を抱えて難渋している。中国は、これまた「予想を超えて」、〝リーマン・ショック〟後も旺盛な経済成長を続けているが、他方「予想通り」、その**軍備増強をテコに海洋進出を活発化**させている。

しかし、私にとって何よりも「予想外」だったのは、この二年間の日本政治の劇的な崩落である。自民党政権末期の「統治の崩れ」は明白で、あたかもこの政党の生命力が芯から枯渇していることを思わせた。

しかし、昨年八月、あの熱気を集めて実現した「政権交代」ほど、今、多くの日本人に大きな幻滅を与えているものは他にないだろう。民主党政権の「マニフェスト政治」によって、日本の財政は、破綻へ向けて一気に加速し始めたし、沖縄の米軍普天間基地をめぐる鳩山前総理の「外交迷走」は、**戦後史に類のない日米関係の深い亀裂**を生んだ。

その間、口蹄疫問題が深刻化し、民主党政権が、ごく初歩的な統治能力さえ欠如していることも露呈した。また、総理大臣と幹事長という政権のツートップが同時に「政治とカネ」の黒い疑惑に包まれ、鳩山・小沢の「同時辞任」で、ついにその霧が晴れぬままに終わってしまった。加えて、**かつての自民党も顔負けの利権政治の復活**と、「もの言えば唇寒し、民主党」という川柳で、小沢独裁体制が批判され続けた。

これらは、単に「不慣れ」ということ以上に、民主党という政党の内部に何か深い問題が横たわっていることを窺《うかが》わせる。少なくとも、単に「表紙」が替わっただけで一挙に事態が好転するとは到底思えないのだ。

しかし、いずれにせよ、政治のこの体たらくは、必ず、目に見えないところで、この国の屋台骨を深く蝕《むしば》んでいるはずだ。

本書のメッセージはむしろ、いかなる選択を考えるにせよ、日本はまず「自らの身を端《ただ》す」こと、つまり、この危うい衰亡の危機から一日も早く離脱し、大きな**未来を**

考えることのできる国内社会の状態に戻す大切さを力説することにある。
アメリカを考えようとして、日本の現実に引き戻され、その上で今後何十年かを視野に入れた「国としての再生」の必要を論じるための予備作業として、今、本書を世に問うことにした次第である。

中西輝政

平成二十二年七月

アメリカの不運、日本の不幸——民意と政権交代が国を滅ぼす　目次

1

ラテン・アメリカ化する底抜け日本

2 ローマ型衰亡へと向かう超大国

3 政権交代のワナー人気取り政治

4 オバマは期待はずれなのか

5

日本人が知らないアメリカの見方
——「三つの誕生」と「四つのアメリカ」

装幀　多田和博
装画　ミツミマリ
協力　福島茂喜（アイ・ティ・コム）
DTP　美創

1

ラテン・アメリカ化する底抜け日本

国民は民主党の「マニフェスト」に賛同していない

しばらく前から、選挙というと「マニフェスト」という言葉が乱れ飛ぶようになった。別に民主党政権の専売でもなく、昔から政治の世界には「マニフェスト」という概念はあった。政治を論じるときの一つのキーワードでもあった。

だから、「マニフェスト」というものをよく考えてみることは、何も現在ただ今の問題を論じるだけでない、**政治の本質を考える**ことにもつながる。

マニフェストとは言うまでもなく「公約」、すなわち約束である。だから、各政党や候補者は、国民の負託を得るために、マニフェストを掲げて選挙戦に臨むのである。すなわち、国民は、**マニフェストを比較検討したうえで投票する**ことが原則となっている。

ところが、「歴史的政権交代」と言われた二〇〇九年の衆議院議員選挙において、この原則はまったく無視された。圧勝したのは民主党だったが、そのマニフェストに対して、国民は実はほとんど何の評価も与えなかったのである。

たとえば、「子ども手当」である。世論調査によると、中学生までの子どもを持つ家庭に、初年度は一万三千円、次年度からは二万六千円ずつ支給するというこの公約には約半数の有権者が反対している。

すでに子育てを終えた親たちが割り切れない思いを抱くのであればともかく、支給される対象になっている母親からも、「子ども手当」に批判的な意見が多く出た。彼女たちが求めたのは、**現金の支給ではなく、むしろ保育施設の充実**だったのである。産婦人科医の減少傾向に対する不安の声も多かった。

また「高速道路無料化」に至っては、六割以上の国民が反対している。ご存じのように、高速道路を造るには莫大な費用がかかっている。国民の多くが反対する理由はそこにある。それが、完済したから無料化にというのであればわかるが、莫大な借金を抱えつつ無料化すれば、**高速道路に無縁の国民にもその負担がかかる**ことになるからである。

さらにいえば、無料化は、運送業者にとっても歓迎できることではない。渋滞に巻き込まれれば、それだけコスト高になるのである。

無料化で多少経費を浮かせることができたとしても、それを積荷一個あたりに換算すれば、微々たる経費節減になるだけで、渋滞に巻き込まれるデメリットのほうがはるかに大きいだろう。

また、他の交通機関への影響も大きい。土曜、日曜、祝日の高速料金千円という措置でさえ、新幹線や飛行機に打撃を与え、廃業を余儀なくされたフェリー会社があったという。あるいは一般道路で営業していた「道の駅」は、売り上げが激減したとも聞いている。

つまり、昨年の選挙で民主党が圧勝したのは、決してその**マニフェストに国民が賛同したからではない**のである。

そして、民主党のマニフェストのうち、大多数の国民が固唾《かたず》をのんで見守っているのが、日米関係であろう。民主党はマニフェストに次のように記した。

「緊密で対等な日米関係を築く」

私は、これまでたしかに、対米追従外交を批判してきた。それが、民主党筋から誤解されて、同じ考えの持ち主と思われたこともある。しかし、これまでのような極端な対米追従から脱却するためには、日本国としてそれなりの準備が必要だし、相手の気持ちを逆なでしないだけのしたたかな外交戦略も必要なのである。

ところが民主党は、何の準備もなしに、こうした危険なマニフェストを掲げてしまったのである。どこが危険なのか。それは、同盟関係を結んでいる相手に向かって「対等な」関係をことさら強調することは、「現在の関係は対等ではありませんので、大変不満です」、場合によると**「このままでは同盟は続けられません」という意思表示をした**ということにほかならないという現実だ。それが、大人の外交常識というものである。

民主党政権は、このマニフェストのもとに、たとえば、米軍普天間基地移設問題を白紙に戻し、ゼロからスタートしようとした。マニフェストに賛同して民主党政権を選んだわけではない大多数の国民は、十年以上も議論を重ねて出した当初の計画を、鳩山一人が覆せるとは思っていなかったのではないだろうか。

米軍はすでに日本を見限っている

この基地問題への対応でオバマ大統領、ひいてはアメリカ国民までもが、鳩山前首相に代表される民主党政権に、完全に信頼を失った。これは**日米安保条約が結ばれて以後、前代未聞の事態**なのである。

もっとも、ラテン・アメリカ諸国との間では、アメリカ（合衆国）は、こんな目にはしょっちゅう遭っている。鳩山内閣の登場で、日本は「ラ米（ラテン・アメリカ）の国と同じか！」とレッテルを貼るアメリカ人が出てきたのも当然だ。

政府筋には、磐石の日米同盟が、普天間の問題だけで崩れるはずがない、と楽観視する向きもあるようだ。しかし、これはとんでもない間違いであって、同盟とは、お互いの信頼関係があり、利害の一致と共に十分な信頼関係があってこそ、はじめて維持できるものである。

そういう意味で、同盟とは、同盟国のどちらかが同盟のルールに違反したり、相手をまったく信頼できなくなったりしたときは、あっけなく消滅する運命にある。今回の問題で言えば、民主党政権はアメリカからは、ほぼ完全に信頼されなくなった。そして、ことが基地問題であるから、**米軍が日本を守り、日本はその基地を提供する**という安全保障条約の核心に関わる利害関係も危うくなっている。「今後は沖縄の基地が使えなくなるかもしれない」と思い始めたアメリカは、日本に対し、信頼だけでなく、「日本を防衛する」という利害関心もなくしつつあるのである。

同盟という「約束事」が持つこの危うさは、たとえばかつてイギリスとの間で結ばれた日英同盟を振り返ってみればよくわかる。英国は、義和団事件（北清事変）で脅威にさらされたイギリスをはじめ西欧諸国の公使館と居留民の救出に貢献した日本軍の活躍を見て、日本という国を大いに信頼したという。もちろん同時にイギリスには、日本の力を利用して、当時の脅威の的だったロシアを牽制する目的もあった。

イギリスにとっては、**英露戦争を避けるために必要な日英同盟**だったのだ。しかし日本は、この日英同盟のおかげで日露戦争に勝てたのである。日本にとって、イギリスの後ろ盾がなければ、勝てるはずがない超大国相手の戦争だった。つまり、ここに日英両国の利害が一致していたのである。

だが、イギリスは、第一次世界大戦の最中に、日英同盟の破棄を決意した。苦境にあったイギリスの支援要請にもかかわらず、日本は「世論の反対」を口実にイギリス支援に消極的だった。そんな日本をイギリスは信頼しなくなり、利害も一致しなくなったと判断した結果だった。

日米同盟も、まさに同じ運命をたどるのではないか。ただちに同盟が破棄されないとしても、すでに**アメリカは、日本への情報提供を躊躇する**ようになり始めている。

現に、北朝鮮が昨年末のデノミネーションの失敗で混乱に陥っているが、詳しい情報は入らなくなっている。また、国際的な安全保障の各種会議にも、日本の学者は呼ばれなくなってきているのである。今後は**日米共同の軍事訓練の体制も、弱体化**するのではないだろうか。

思えば、今年一月の名護市長選のとき、民主党は基地受け入れ反対派の候補を推薦しておきながら、ただの一度も応援には行かなかった。これはきわめて異例なことである。基地容認派の当選を、密かに願っていたのではないかと勘ぐりたくもなる。だとしたら、鳩山政権は日本を「不実な同盟国」にしただけでなく、政党としての「不誠実の極み」を世にさらけ出したと言ってもよい。

小泉チルドレンと小沢ガールズ

マニフェストにはほとんど関心をもたないまま、国民は民主党政権を選んだことは間違いないだろう。実際、あの民主党の圧勝は、決して**「民主党支持」の民意を示したものではなく、単に自民党政権を拒否した結果**にすぎないのである。

じつは皮肉なことに、二〇〇五年の小泉郵政選挙で自民党が圧勝したときから、国民が自民党を拒否する萌芽はあった。もっと言えば、「郵政選挙が今回の政権交代をもたらした」とさえ思われるのである。

郵政選挙のとき、私はその勝利のもつ自民党にとっての危うさを警告したが、それに耳を傾けた人は当時、ほとんどいなかった。私がこのときの選挙に、「日本政治のカオス（液状）化」の危険を感じたわけは、イギリスに同じようなことがあったからである。

イギリスの場合、小泉氏に匹敵する人物はロイド・ジョージである。自由党の首相ロイド・ジョージは、一九一八年の総選挙で、あのときの小泉純一郎と同じ手法を採り大勝したのである。その手法は「クーポン選挙」と呼ばれた。

クーポンとはつまり公認証書のことで、ロイド・ジョージが**自分を支持する候補者だけを公認する**ものだった。自分を批判する人間が立候補する選挙区には、対抗馬にクーポンを与えて送り込んだのである。

その結果、ロイド・ジョージは政権を維持することに成功した。ところが、やがてクーポンをばらまいた代議士たちに叛乱を起こされ、政権から追放された。その後、自由党自体も分裂を繰り返し、わずか六年後には泡沫政党に転落し、やがて消滅した。

小泉氏もまた、ロイド・ジョージと同じことをしたわけである。郵政改革に反対する候補者の選挙区に、「刺客」を送り込み、自民党は大勝した。しかし、その後弊害が噴出してきた。失速してしまった「構造改革」によって、自民党の政治基盤は崩壊したのである。

小泉型の手法を、誰が言い出したのか「劇場型選挙」というが、二〇〇九年の選挙でも、この「劇場型選挙」が実演された。今度それを演じたのは、自民党ではなく民主党だっただけである。

郵政選挙で勝利の美酒に酔った「小泉チルドレン」や刺客たちは、今回は「小沢ガールズ」にその地位を譲った。今回の劇場におけるキャッチフレーズは、「郵政民営化」よりもさらにインパクトのある「政権交代」だった。郵政民営化という刺客ものの芝居に飽きた国民は、政権交代という新たな演目に飛びついたのである。

小泉氏は「自民党をぶっこわす」と言って登場したが、まさにその言葉のとおり自民党は「ぶっこわされた」のである。

とはいえ、実際のところ、**小泉氏に自民党そのものをぶっこわすつもりはなかった**であろう(それが証拠に、自分の大切な息子も自民党から立候補させている)。ただ単に、自民党の体質を変える「改革者」になるべく名乗りを上げたつもりだったのかもしれない。しかし、私にいわせれば、それは自民党の延命措置にすぎなかったのではないか。結局、小泉氏はその古い体質を背負ったまま、最後まで政権維持のためにだけあがいていたとしか思えないからである。

たとえば、自民党は、一九九四年、社会党の村山富市を首相に担いで、政権維持を図った。実は、あのときから自民党は、政権党としての理念も思想も失い、単に**政権**

維持だけを目的とする政党に堕落してしまったのではないか。

小泉氏が総裁に選ばれたのも、その流れにあった。あのときから自民党は「選挙に勝てるかどうか」だけを総裁選びの基準にした。その後の安倍晋三氏も麻生太郎氏も、その基準で選出された。昨年の総選挙直前になって、「麻生では勝てない」となったとき、突如として彼の退陣を求める声が自民党から上がったことが、その何よりの証拠ではないか。

こうして、この十五年ほど、自民党が政権維持に汲々としている間、世界情勢は刻々と変化した。冷戦終結で本当に「世界は平和になる」と錯覚したのはおそらく日本だけであろう。

実際、その間に世界は大変危うい方向へと動いていた。しかも政治、経済、安全保障などに関して、国家同士のせめぎ合いがますます激しくなっているのに、自民党政治の日本はすっかり機能不全に陥ってしまった。そして昨年、日本の国民は、このような政党に拒絶の意思をはっきりと表明したのである。

近衛文麿の踏んだ轍を踏む素人外交

こうして、民主党政権による「素人芝居」は幕を開けたのだが、とたんにそこでは「ドタバタ劇」が演じられている。それもそのはず、というべきか。開演当時、衆議院議員の半数が新人というのは、まさに「素人芝居」そのものと言っていいだろう。しかも、鳩山内閣のうちにも、閣僚の体験者は少ない。他党での大臣経験者は、わずか四人、当初の鳩山総理も大臣の経験は一切なく、細川護熙内閣で官房副長官を務めただけである。

これは、「誰でもはじめは素人だ」などと言っている場合ではないのである。たしかに多くの先進国は、複数の政党間で政権交代が行われている。しかし、一度も連立に加わることなく、しかも大きな政界再編を経ることもなかった**万年野党の政党が、いきなり政権を握った**という例は殆どない。

もちろん、長い間、自民党が政権の中心に座り続けた事実は、議会民主主義にとって異常なことであり、私たちは、その異常さにはずっと気づいていた。

さらにいえば、私は、当初、新政権が直面するであろう混乱には寛容でありたいと思っていた。とくに「官僚支配の打破」を掲げた場合、抵抗勢力の反発も強いからである。

しかし、日米安保条約の五十周年に当たっていたことや、世界中にリーマン・ショック後の不況の嵐が吹き荒れているという厳しい状況などの中での「初の本格的政権交代」は、タイミングとしてよくなかった。今の世界は、**素人同様の現政権が、「プロになっていくのを待っている」ような余裕はない**からである。

つまり、国家の行方を左右するような安保問題や財政運営の失政、そして外国人参政権問題などでの憲法上明らかな不備のある法案を強行しようとしたことなどに関しては、やはり寛容でいるわけにはいかないのである。

本来、国の本質的な部分に関しては、国家というものはつねに一枚岩でなければならない。どんなに激しい論争があったとしても、「国家の存立」というテーマに関しては政権交代をしても双方の政党は、つねに共通の基盤に立っている必要がある。

そうでなければ、**つねにスキあらば、と虎視眈々としている周辺国家と渡り合う**ことはできないし、歴史的な財政崩壊に対処することもできない。政権交代が起きるたびに、国家体制や国民生活に根本的大変化が起きては困るのである。これは国家自体の存亡にかかわる重大問題である。

現在、**民主、自民の二大政党が共通基盤をもつべき最たるものは、やはり日米関係**だろう。

たとえば、まえに述べたマニフェストもさりながら、政権交代後、社民党との連立合意では、「日米地位協定の改定を提起」「米軍再編や在日米軍基地のありかたについても見直しの方向で進む」という文章がはいっている。それを今すぐ実行すれば、日米関係の混乱は言わずもがなであり、自民党は決して容認しえない方向だ。外交・安保や選挙制度、消費税などの税制の根幹に関しては二大政党の共通の基盤がなければ、国家の存亡はおぼつかない。

また、鳩山氏は衆院選挙の直前、月刊誌に次のような論文を発表してアメリカの反発を買っていた。

「アメリカが推し進めてきた市場原理主義が、日本社会を破壊した」

「イラク戦争の失敗と金融危機によって、アメリカ主導のグローバリズムの時代は終焉し、世界はアメリカ一極支配の時代から多極化の時代へ向かうだろう」

鳩山前首相のこれらの論文での主張は、すでに当時「首相候補」となっていた党首の発言として、その賢愚は問われようが、客観的な見解としては間違いとは言えない。しかし、この程度の発言で「予想外のアメリカ批判」と受け取られたため、米マスコミは反発した。したがって、アメリカの反発を買ったことの根本的責任は、やはり対米関係において率直に言うべきことも言わず、**行き過ぎた対米追従を続けてきた自民党政権の怠慢**にあると言うべきだろう。

しかし、**戦後七十年近くもの間、放置されてきた歪んだ対米追随政策を正す**のに、「これからは中国やアジアを重視する」として、反対の方向へ振子を振るやり方は、アメリカとの同盟を続けるつもりなら、大変不誠実であり、危険でさえある。

ましてやそれを、民主党がやろうとしていたことに私は、大いなる危惧を感じたのである。それは彼らが「素人集団」であるというだけではなく、彼らの内部に、鳩山や菅の年代、つまり「団塊の世代」に共通する偏った固定観念や、**アメリカに対する古い左派的なコンプレックス**が内在しているように見えるからである。

彼らがことさら「対等な関係」に固執するのはなぜなのか。その理由は、私も同じ世代だからわかるのだが、「団塊の世代」に特有の「歪んだアメリカ観」に起因しているように思う。

高度成長期を満喫した「団塊の世代」は、アメリカに対して、戦前の左派世代が抱くような「解放者」という概念を持たない。アメリカの黄金時代も知らないし、**戦後アメリカに「追いつけ追い越せ」と頑張ってきた**父親たちの苦労もほとんど知らず、ただ卑屈に過ぎた戦後日本の対米従属への不満を高じさせてきたがゆえに、独特の歪みを内包しているのである。

たとえば、鳩山前首相は、一九七〇年代前半、スタンフォード大学に留学したが、当時のアメリカは、ベトナム戦争で疲れ果て、ヒッピーが跋扈《ばっこ》しマリファナが流行り、いわば反体制や秩序破壊の思想が広がっていた。しかし鳩山氏に限らず、この世代は、アメリカの負の面を拡大しがちであり、そのアメリカに追随することにことさら抵抗感を覚え、**「対等」に極度にこだわる**のである。

こうした鳩山氏らのこだわりで私が思い起こすのは、戦前の近衛文麿である。一九一八年、第一次大戦後のベルサイユ会議に出席するに際して、彼は「英米本位の平和主義を排す」という論文を発表した。

そこにあったのは、**欧米に対する古い被害感情**であり、「世界三大国の一つになった日本」への自信がないまぜになって、欧米列強との「対等で平等な」関係への強い願望が表現されていた。

しかしこうした願望を、内面的な自己反省ではなく、単に感情を現実の政策の中にストレートに持ち込もうとするなら、それは時には国家の安全を脅かす要因になることを、団塊世代の政治家は深く留意しておくことが必要なのである。

アメリカと張り合って国を滅ぼすのか

日本の野党は、社会党全盛の時代以来、長い間、政治や現実の世界に責任を持たない立場でものを言ってきた。いわば、現実を見ることなく、理想ばかり追い続け、ひとえに「批判精神」を研ぎすましてきたといえよう。

一方、長い間政権の座に座り続けてきた与党自民党は、理想も将来像も持たないまま、目先の現実を糊塗し、対処するだけの政治をやってきた。それに経済界も加わって、「アメリカ一辺倒」の体制を作ってきた。その背景には、「憲法九条」や「六〇年安保」で味わった左派の平和運動への恐怖心があった。

しかし民主党は、**政権交代したとたん、国民が思ってもみない方向へ日米関係を大きく変えようとした**のである。たしかに「万年野党」だったのだから、急に現実を直視することも難しいだろうし、そこに混乱が生じて当然だろう。

在日米軍基地の問題を見直すのも、自民党のような議論抜きの「無条件の対米追随」

から脱却しようというのだから、なるほどその方向性は間違ってはいない。しかし、そのやり方、つまり外交としての基本戦略がきわめて危ういのである。それを劇的に示したのが、昨年十二月の「小沢訪中団」であり、その胡錦濤・小沢会談でぶち上げられた「日中米正三角形」論である。

憲法改正など一切考えず、集団的自衛権どころか、日米の安保協力（その象徴だったのがインド洋での給油活動）からも一切手を引く。そして思い切り中国に擦り寄る形で対米対等になるのだ、と世界に宣言しているかのように見える民主党外交の基本戦略は、自民党の外交より数段、危うく愚かなものと言うしかない。

アメリカの「巨大な影」に反発するあまり、元も子もなくすような直情径行に走るのが、ラテン・アメリカ諸国の外交でくり返し浮上する特徴である。日本はそんな直情径行の行動をする国ではなかったはずなのに。

民主党外交のこの底の浅さと、「アメリカとの対等」のためには国を滅ぼしてもよいというほどの幼児的な情緒性。これこそ「ラテン・アメリカ化」の最たるものなのだ。

政権交代直後、アメリカ国務省の報道官が、いみじくも次のような発言をした。

「選挙戦の間は、いろいろな公約をするのが政治だ。しかし、選挙が終わり政権の座についたら、公約とは関係なく、現実を踏まえて政治をする、それが民主主義だ」

私は、これを聞いたとき、やはり民主党という政党は、マッカーサーが言った「十二歳のまま」だと思った。私が恐れているのはまさに、民主党が世界のどこにもないような形で、マニフェストに固執する「マニフェスト原理主義」に陥っていることなのである。

民主主義とは、単純に公約を守る政治ではなく、現実を見てほんとうに国民のためになる政治をするシステムなのだということが、この国では、政治家にも国民にもわかっていないのである。

公約を守らないミッテランに学べ

これに関しては、フランスのミッテラン政権のやったことが一つの模範になるかもしれない。

フランスでは一九八一年の大統領選挙で、ド・ゴール以来三十年間、ずっと政権を取りつづけてきた保守あるいは保守中道が敗れ、戦後フランスの「一党支配体制」は終わりを告げた。勝ったのは、まぎれもない革新勢力、フランス社会党のミッテランだった。

当初ミッテラン社会党が掲げた公約は社会主義そのもので、その中には「産業の国有化」まで入っていた。そして、福祉政策も、有給休暇を二倍にするとか、失業手当を充実させるとか、最低賃金の引き上げとか**家族手当などまさに「バラマキ公約」そのもの**だった。外交・安保でも、非公式にNATOに出していた代表すら引き上げさせ、軍事協議には一切参加しないとした。

こうして当初ミッテランは、大組織である社会党の言いなりになって、マニフェストを守ろうとした。しかし、半年後、フランス経済は破綻した。株価は急速に下がり、外資も流出し始め、企業税や法人税を課されたフランス企業までも海外に逃げ出して、ロンドンやフランクフルトに拠点を移した。

外国企業はもちろん、国内企業よりも早く逃げ出していった。その結果、通貨**フランは二〇パーセント以上も下落し、一時、フランスの国際収支にまで不安が広がった**のである。

窮したミッテランは、そこで、大きな決断をするのである。彼は、何十年も彼に仕えてきた側近の政治家をあえて更迭し、**思い切って現実路線にポイントを切り替えた**のである。

ミッテランにそれをさせたのは、社会党の変わり種政治家のドロールだった。彼は、リベラルや左派の「原則派」からは〝資本主義の走狗〟と言われたが、それにめげることなく、「外資を呼び戻すには公約を無視するしかない」ことをミッテランに説いた。

決意を固めたミッテランは、「公約を守ればフランス経済は崩壊する。そこで私は決断した」と、堂々と公約破棄を宣言した。「公約を守るか、国家を守るか」という言葉は、名文句として語り草になったのである。もちろん大多数の国民は、この「変節」を大拍手で歓迎した。

たしかに、ミッテランに裏切られた思いで幻滅し、社会党を去る多くの古い同志や支持者もいた。しかし、当初ミッテランを警戒していた保守層は、こぞって「ミッテランとならやっていける」と判断した。その結果、**ミッテラン本人は、その後十四年間も政権を維持**したのである。

ミッテランのこの決断がなければ、今のEUはできていなかっただろう。フランスはドイツに圧倒されて、非常に小さい存在になっていたにちがいない。

たしかに、公約は国民と交わした約束である。だから、守らなければならないものだ。しかしミッテランは、国民の大きな反発を買う、という忠告を無視し、あえて「私は間違っていた。そしてあなたがたも間違っていたのです」と国民に呼びかけた。

これに対し、国民は反発するどころか、ミッテランの正直さに感動し、彼の支持層はどんどん厚くなっていったのである。

国民は決して馬鹿ではない。とくに日本人はそうだ。『父帰る』や『恩讐の彼方に』

などの作者で、『文藝春秋』の創設者でもあった作家・菊池寛は、日本人を「卑小にして偉大な民族である」と言った。

昨年末、自民党への不満からとはいえ、目先の**バラマキ政策に目がくらんだ日本人**は、たしかに卑しい。しかし、実際に民主党政権が政治をやり出すと、とたんに財赤字の大きさに驚き「日本がつぶれるかどうかのぎりぎりの事態」が視野にはいり、日本の国民は一足早く目覚めたのである。

日本人は、「国家の存在が危うくなる」ということになれば、がらりと見方を変えて現実主義にめざめる国民なのである。それゆえ、失敗によってではなく、率直な言葉によってその現実を国民が直視するように、勇気をもって訴えるのが、今、日本の政治家に一番求められていることなのである。

何よりはっきりしているのは、この国はこれまで、そうして時代を切り拓いてきたという事実だ。幕末に「尊皇攘夷」を唱えていた人々は、現実の**海外事情を知るにつれ、ギリギリで開国へと大転換**し、この国の近代を切り拓いた。先の大戦中は「鬼畜米英」と言って英語の使用まで禁止していた国が、終戦後、それを忘れたかのように親米路線に則った民主主義に切り替わり、戦後の復興に取り組んだ。

これを〝変節漢〟と非難するのは簡単だが、指導者というものは、そしりをあえて甘受し、「偉大なる豹変」をすることが国を守る道になることを知って、そのためにあえて「豹変する」覚悟が必要なのである。

古代ギリシャから言われていることであるが、民主主義国アテネの政治指導者だったペリクレスは「民主主義国家にあって、**政治家にとってもっとも大切なことは豹変である**。その豹変に、どれだけ国民を従わせることができるかで、政治家としての偉大さが決まる」と説く。

ミッテランは、そういう意味で偉大な政治家と言っていい。まさに「君子は豹変する」のである。

大人げないと言えば、今、普天間問題と並んで日本の安全にとってかつてない大きな懸念になりうるものは、やはり民主党が明らかにすると明言した「核密約問題」であろう。岡田外相は、就任すると、**核持ち込みや沖縄返還などに関する密約**についての徹底調査を命じた。

もちろん、一研究者の立場で言えば、隠れた事実が明らかになることは歓迎すべきことである。また、そもそも国家の重要政策の柱を、いつまでも「密約」に委ねておくのは好ましくない。私の言いたいのは、「密約」を明らかにするのはよいとしても、では「密約」が明らかになったあと、今後の扱いをどうするのか、ということだ。

これまで言ってきた「非核三原則」は、実はずっと破られていたのだ、ということが明白になったとき、では今後はどうするのか、ということを決めねばならない。「今後は、徹底的に守らせる」というのなら、アメリカの「核の傘」という抑止力は弱まるが、その対応をどうするのか。今の政権に、そのときの用意はできているのか、ということである。おそらく、そんなものはないだろう。

どこの国家にも国家機密はある。政権交代が起きそうなとき、それをさりげなく伝えて、次の政権との間で暗黙の了解に達することも当然ある。これは一種の、良き意味での〝談合制度〟といえる。そして、イギリスなど先進民主主義国ではこれこそ二大政党制の不可欠の前提なのだが、自民党にも民主党にも、それをしてきた形跡はない。つまり、日本にはまだスムーズな二大政党制が成立する条件が存在しないのである。

繰り返すようだが、外交問題で素人芝居は許されないのである。岡田外相や民主党にしてみれば、新首相かつての菅直人厚生大臣が、役所の秘密を暴いて見せ薬害エイズ問題で男をあげたことが頭にあったのかもしれない。しかし、それとこれとでは重要性がはるかに違う。着地点も考えずに、あらゆる密約はすべて、何でも明らかにすればいいというものではないのである。

ところが、この民主党の「密約暴露」の着手は、「考える前に走り出す」という**典型的な向こう見ず外交**である。しかも、世論やメディアがそれに拍手喝采する。ここでも、「日本のラテン・アメリカ化」が進んでいると言わざるをえないのである。

イギリスの政治家はプロ中のプロ

菅新首相は、昨年、総選挙のまえの六月にイギリスを訪問した。選挙後の九月、こんどは小沢一郎氏がイギリスを訪問した。議会民主主義発祥の地であるイギリスの議院内閣制度について、詳しく知りたいと思ったから、と報じられている。

たしかに、マニフェストを重視する選挙はイギリスから起きたものである。だから、「マニフェスト原理主義者」としては行くべき国であると認識したのだろう。

その結果なのかどうか、大量の国会議員を政府に送り込んだり、政策ごとに関係大臣のみが集まる「閣僚委員会」や「国家戦略局」を設置したりと、**民主党政権はイギリスの真似をすることに余念がない**ようである。

また、「官僚に依存しない政治」を目指すのもイギリスを見習いたい、と思ってのことであろう。たしかに、昨今の日本の役人の質の劣化を見ていると、歓迎すべき政策だろう。事務次官会議なども、廃止したほうがいい。

官僚の働きが国家の力を強くする時代はかつてあったが、それは国家として目指すべき方向が明確なときに発揮できる能力であり、つねに近代日本では上昇期が終わると、とたんに官僚の劣化が激しくなるのである。

上昇期が終わり、国の進路が水平飛行の時代に入ると、官僚というものは、自らの権益を維持することにばかり目が行き、それが一定限度を超えると国家を衰退させることになる。先の大戦がそのいい例であろう。「官僚内閣制」といわれた自民党政権もまた、同じ轍《てつ》を踏み続けてきた。

たとえば、年金問題である。老後の安心のために長年納めてきた年金が、杜撰《ずさん》な管理をされたために記録も残らず、正当な金額を受け取れなくなった。しかも、使い道のない施設や、役人の天下り先に使われていたことが判明したのである。

そのうえ、彼らは反省するどころか、事実を隠そうとした。年金問題だけではなく、各地の役所で、役人たちの不正や税金の無駄遣いが次々と明らかになっている。

たしかに、これほどモラルも能力も欠如した官僚が横行している時代は、日本の近代史にも例がない。だから、官僚制度の打破という民主党の姿勢は基本的には正しい。

その一環として、閣議決定された「国家公務員改正法案」も、イギリスの制度を参考にしたものであり、幹部人事の一元管理や幹部の降格人事を可能にしようというものである。

しかし、これがイギリスのようになろう、なりたいという視点からの発想であるとしたら、イギリスの政治史を学んだ私から見れば大いに疑問なのである。なぜならば、イギリスの政治システムは、おいそれとまねをしようとしてできるものではないのである。

「政治家による官僚支配」という体制にしても、**イギリスにおける公務員は、あくまで〝政治家の使用人〟として実務を担う**という位置づけでしかない。国王から任命された首相が一元的に行政の指揮権を持っていて、省庁を新しく作ることも廃止することも、首相の決済だけで可能なのである。

それだけの権限を持っているだけに、イギリスの政治家は、自らの担当する分野において、官僚はもちろん、しばしば**プロの学者以上の知識や見識を要求**される。そのために、長年勉強を続けているのである。したがって、イギリスでは、政治家が自分の専門分野について、水準の高い論文や著書を発表することも珍しくないのである。

そもそも、イギリスでは、最優秀の学生が政治家になる。彼らは、卒業するときすでに自分の入るべき政党を決めているというくらい、当たり前に政治の世界に入っていくのである。二〇一〇年五月の政権交代で新しく首相の座についたデビッド・キャメロンもそうした一人だ。そして、政治家になれる能力のない人間が、学者や官僚になる。つまり、**イギリスでは、官僚ではなく政治家こそが、若い頃から人材としても超エリートが集まる職種**なのである。このエリート主義の善し悪しは別にしても、政治家の側に官僚を圧倒できるだけの能力と威信がなければ、「政治主導」は絵に描いた餅なのである。

翻って日本はどうなのか。日本では、今も最も優れた学生は官僚を目指し、国の体制として官僚機構は、憲法上も基本的には自立し、政治家が作っている政府と並立している、という考え方に立っている。そもそも官僚機構の位置づけが、国法上、イギリスとは全く違っているのである。

日本では、**政治家の役割はあくまでも官僚を統御することである**から、官僚が「政治家の使用人」になることはありえない。

そもそも、日本の政治家に、公務員を使用人として使いこなすだけの能力があるのか。そう問われると、正直、今の日本の政治家は答えに窮するはずだ。菅前財務大臣でさえ、国会答弁では、経済学では初歩的な専門用語の意味がわからず、「官僚に聞け」という野次を飛ばされる有様である。

さきほど言った「国家公務員改正法案」にしても、イギリスにおける大臣規範には、「大臣は党の利益のために公務員の任命権を乱用しないという責務を負う」とされている。それが公務員を「忠実に従わせる」ための必要条件なのである。

政治家にそれだけの見識や判断力がなければ、いわゆる政治主導も「政治家の職権乱用」となり、官僚機構を悪い意味で政党化させ、「局長は民主党系、課長は自民党系」という形になり、やがてその機能は完全にマヒするであろう。

まさに**日本の政治家の能力が問われている**のだ。今の日本の政治家に、この権利を行使するだけの能力があるのだろうか。残念ながら、私に言わせれば、「五十年早い」と言わなければならないだろう。

政権交代をくり返し衰退する国

しかも、残念なことに、模範とすべきイギリスにも変化が起きている。じつは、長年培《つちか》ってきて、イギリス政体の血となり肉になっているはずの議院制内閣が機能不全に見舞われているのである。ブラウン率いる労働党内閣は、リーマンショック以降、経済政策に失敗しただけでなく、日本同様、公費乱用が明らかになった。これが元で労働党は政権の座からすべり落ちたのである。しかし、問題はさらに深刻なものなのである。というのは労働党、保守党を問わず、**百八十人以上の下院議員が、議員経費を私的に使っていた**ことが、政権交代後も大問題になっているからである。

しかも、民主党が目ざした「大量の議員を政府に参加させる」体制も破綻の兆しを見せている。とにかく政治家は、成果が直ぐに出る目先の政策に飛びつき、長期的な視点を失いやすいが、イギリスではこの点でようやく「官僚の自律性を重んじるべき」という議論が出始めている。政治家が、むやみに大勢役所に入ると、本来あるべき、立法と行政の相互のチェック機能も減退してしまうというのである。

とはいえ、民主党が参考にしようとしたイギリスには、長い政権交代の歴史がある。だから私は、イギリスの皮相な政治形態ではなく、その歴史そのものに民主党が学ぶべきことが沢山あると考えている。

学ぶべきもっとも重大な点は、「はじめての政権交代は失敗するものだ」という教訓である。これは、民主党だけではなく、早急に結論を求めがちな日本の国民全体が認識すべきことなのかもしれない。国民が求める二大政党制ができるには、実は何十年もの時間がかかり、その間、**政治も国民も艱難《かんなん》辛苦に耐えなければならない**時期があるのだ。それでも二大政党がよいのか、今、日本人はこのことを真剣に考え直さねばならないだろう。

たとえば一九二三年、日本の年号で言えば大正十二年、関東大震災が起きた年だが、イギリスでは総選挙で保守党が大敗し、史上はじめて労働党が政権を獲得した。当時の**ボールドウィン保守党首相が、国王ジョージ五世の懸念を無視して、総選挙を断行**したからであった。第一次世界大戦が終わったばかり、戦後不況真っ只中という状況での選挙だった。当時、アメリカからは戦時の借金返済を迫られ、国家財政は破綻し、ストライキも頻発していた。

しかし、日本の今の民主党同様、何の準備もないまま政権を獲得した労働党は、一年も維持することができずに挫折した。しかも、「バラまき公約」に縛られて財政の行き詰まりを招いた点や、西側と距離をとって社会主義国家であるソ連に接近しようとしたところなど、今の民主党によく似ている。

こうした事態に国民は危機感を覚え、一年未満で行われた次の総選挙で、保守党は圧勝し、史上最高の議席を勝ち取ったのである。

その後、同じことが起きたのは、一九二九年だった。このとき、労働党の党首として首相の座についたのはラムゼイ・マクドナルドだったが、このときも、**世界恐慌の余波を受けて労働党は大分裂**し、あっけなく政権を失った。こうした混乱を繰り返しているうちに、イギリスは大きく国力を衰退させていった。

このあたりのことも、もしかしたら日本に当てはまるのでは、という懸念を持ってしまうのである。また民主党は、リーマン・ショックに端を発する不況の嵐に立ちすくむ自民党政権を、威勢よく批判して政権交代を果たしたものの、やはり誰が政権を担っても、その苦境から抜け出す術がないことを印象付けるだけだったように思えるのである。

すなわち、これは、「政権交代を果たすことだけを目的とした政治は、必ず破綻する」という好例と言える。民主党が学ぶべきは、**イギリスが政権交代をするたびに、衰退していった**その歴史なのではないか。

さらに、労働党が、ようやく政権運営能力を身につけていった過程もまた、日本の民主党が大いに学ぶべきところである。第二次世界大戦下、保守党のチャーチル首相の呼びかけに応じて「大連立」に参加したことが、労働党がそれを身につけるきっかけになった。

労働党の政治家たちは、保守党とともに、大敵ヒトラーとの戦いに参加し、それに勝利を収めて祖国を存亡の危機から救った。その間に、国家運営のイロハを学び、国家統治のありかたを保守党と共有したのである。

その結果、労働党が一九四五年の選挙で大勝し、政権を握ったときは、その体質をすっかり変えていた。福祉国家の実現を着々と進める一方で、ソ連との冷戦が始まったときは、**アメリカとがっちりとスクラムを組んで反共政策に邁進**していくのである。

そこには、安易にソ連に近づいたかつての労働党の姿はなかった。つまり、真の二大政党時代を築くには、これだけの時間がかかるということなのである。

一九二三年当時のイギリス労働党に近い今の民主党だが、**政権担当経験のない野党が政権につくことの危険性**をこのイギリスの例から学んでほしい。

そういう意味で、二〇〇七年十一月の福田康夫元首相との大連立構想は、民主党が政権担当能力を身につけるための絶好のチャンスだった。そして、当時の小沢一郎代表のこのときの言葉は今でも耳に残っている。小沢氏は「今の民主党に政権担当能力はない」と言い切ったのである。

このときの小沢氏は、まだしも健全な思想の持ち主だったかもしれない。党の反対にあってから、彼は各種の戦術を駆使して選挙での勝利に邁進し、それが成功したため、さらに権力を乱用するようになった。彼を、あのような「独裁者」にしたのは、先を読む目を持たず、イギリスの先例に学ぼうとしなかった他の民主党政治家たちなのかもしれない。

いずれにしても、私たち国民はこの先、日本の政治が熟成のときを迎えるまで、長い時間を待たねばならないだろう。今こそ、その覚悟が必要なのである。

「小沢的なるもの」の異常・その一――天皇制の政治利用

とはいっても「小沢一郎」という人間にこだわって「小沢論」をしようというのではない。

小沢一郎にとどまらず、日本の政界には、つねに「小沢的なるもの」が幅を利かせてきた歴史がある。もし今の小沢氏が退場しても、またどこかに「小沢的なるもの」が復活し、歩き出す。日本の政治を論ずるとき、この「小沢的なるもの」との訣別という命題を避けては通れない。これから何点か、この「小沢的なるもの」に焦点を当てて論じてみたい。

以前私は、日本における天皇陛下の存在とは、西欧における「神」のようなものであると言ったことがある。誤解を避けるために説明すると、次のようなことになろう。

政治家が**権力の座につくとき、キリスト教国においては、神に誓いを立てる**が、これは最高権力者の持つ大きな権利を制御するためだ。制御する力として「神の存在」

を引っ張り出すのである。そうした考え方に基づくと、日本の最高権力者とされる首相にも、それを制御する力が必要ではないか。

それを「良心」と言い換えてもいい。現に、西欧で聖書に手を置いて誓うという同じ場面で、日本では「良心に誓って」という言い方をしてもよい。

言ってみれば、日本においては、天皇という存在が、**最高権力者の権力を制御し、その権力を天井知らずに使わせないための重石《おもし》**の役割を果たしているのである。現憲法下でも、天皇が首相や各閣僚の任命権を持ち、国会開設の宣言を行うのには、そういう意味があるのだ。

神も天皇陛下も、政治権力者に命令したり、その言動を左右したりするような発言をしないところも、この両者は似ていると言える。そういう意味で、天皇という存在は、日本のどんな権力者でもおかしてはならない聖域といえよう。

だからこそ、天下統一を目指した戦国の武将たちも、それに成功した秀吉や家康も、現実社会の頭目になろうとはしたが、**自らが天皇になろうとはしなかった**のである。

ところが、こうした長い伝統に逆らうように、二〇〇九年十二月、当時民主党小沢幹事長は、天皇という存在に対し、国民の誰もが強い違和感を覚えるような言動をあえてした。天皇陛下と中国共産党序列六位の副主席との会見が、**「一カ月ルール」を無視して決定され、羽毛田宮内庁長官が強い懸念を示した**例の事件である。

それに対して、小沢氏は次のように言い放った。

「天皇陛下のお体が優れないのならば、それよりも優位性の低い行事はお休みになればいい」

「天皇陛下ご自身に聞いてみれば、『それは手違いで遅れたかもしれないけれど会いましょう』と必ずそうおっしゃると思う」

「憲法には、国事行為は、内閣の助言と承認で行われるとある。だから、天皇陛下の行為は全て内閣の助言と承認で行われる」

これら三つの発言はすべて間違っている。まず、天皇陛下の行事の「優位性」についての判断だが、小沢氏の発言からは、本来天皇陛下のなさるべき行事、とくに宮中祭祀《さいし》などを軽視する姿勢が見られる。これらの行事の中に、**首相でもなく国家元首でもない中国の一政治家との会見よりも下位におかれる行事などない**のである。

次に問題なのは、天皇陛下の意思を勝手に解釈しているかのような発言である。国家の象徴である天皇陛下の発言を勝手に忖度《そんたく》することは、まさに天皇陛下を政治利用することにほかならない。

さらに、決定的な間違いは、中国の副主席との会見を国事行為と断定していることである。国事行為とは、国会の召集や外国の大使や公使の接受など、形式的、儀礼的な行為を指すもので、たかが**中国の副主席との会見は国事行為ではない**のである。

さらに、小沢氏の暴言は続いた。

「宮内庁は内閣の一部局に過ぎない。だから、内閣の方針や決定には従うべきである。どうしても反対だというのであれば、辞表を提出してから言うべきだ」

彼は、ここでも誤りを犯している。天皇の認証官である宮内庁長官に対する人事権を、政府は他の官僚に対するのと同様の任免権として持っているわけではないのである。

こうした一連の発言から言えることは、小沢前幹事長をはじめとする民主党および現政府の面々は、天皇に対して、「国民の象徴」という認識を持っていないのではないかということである。

天皇を、まるで外務省や財務省と同じような「官」の組織の一つと考えているかのようである。憲法の理解も誤っているし、制度的にも**象徴天皇制の根幹を無視**している。

「小沢的なるもの」の異常・その二――越権行為

普天間移設問題の先送りが発表された昨年十二月、小沢一郎前幹事長の呼びかけで組織された訪中団の団長を務めた山岡賢次（前国会対策委員長）は、上海で開かれたシンポジウムで次のように述べた。

「米軍普天間飛行場移設問題に絡み、日米関係はぎくしゃくしている。まず、日中関係を強固なものにして、米国との問題を解決するのが現実的プロセスである」

鳩山前首相の「普天間移設問題無期限先送り」が発表されると、ほぼ同時に行われたこの発言は、おそらく**アメリカの警戒心をさらに強くする**ものだっただろう。しかし、私がさらに、危惧を覚えたのは、このとき、山岡氏が、十日に行われた小沢氏と胡錦濤中国主席との会談の内容を披露したときだった。

「この会談では、日中米の三カ国が、バランスの取れた正三角形の関係であるべきだとの認識で一致した」というのである。

小沢氏は当時一幹事長、首相でもなく、外務大臣でもない。幹事の名が示すように、一政党の中心になって事務に当たるという、いわば民間団体のマネージャーのようなものである。幹事長は、その中のメンバーを統率する役割を担っているにすぎないのである。

こうした、単なる与党幹部にすぎない幹事長が、外国の最高責任者と会談し、日本の根本的な外交方針を確認し合っていいはずがないのである。

「日中米正三角形」論を、日本の根本的な外交方針として問題にするのは大げさすぎると思う人もいるかもしれない。単に、正三角形の頂点に三国が位置し、「日本はアメリカとも中国とも仲良くしていくのなら、結構な話ではないか」と考える人も多いだろう。

しかし、そうした考え方は大いなる誤解であって、国際政治的には「日中米正三角形」論は、**日米同盟から日中同盟へと同盟相手を変える**ことを、世界に発信しているのと同じことなのである。

なぜならば、アメリカは長年日本の同盟国だからであり、「日米と等距離の日中関係」とは、新たに日中同盟を結ぶ、つまり日米から日中へ同盟をシフトする、という意味なのである。

少なくともアメリカは、政治的メッセージとしても、**日本が日米同盟を弱体化させるかあるいは破棄しようとしている**、と受けとるに違いない。

つまり、「日中米正三角形」論は、日本が、同盟相手を、アメリカから中国に乗り換えようとしていると思わせるに十分な論議なのである。普天間問題に対する鳩山前首相の発言とあいまって、アメリカは日本への信頼感をますますなくすだろう。

たびたび述べているように、私は長い間、日本外交は、その対米従属構造から脱却すべきだと言ってきた。しかし、それは決してアメリカと離れて、中国に接近するということではない。

憲法改正など必要不可欠な手立ても講じることなく、現状のままで安易に対米自立をやろうとすれば、それは、「対米従属」が「対中従属」になるだけ、という結果を生むことになる。対中従属が、日本という国家をどれだけ危うくすることになるのか。それは火を見るよりも明らかだ。

このように、**日本国家の将来を左右し、その破滅さえ招きかねない重大な国策転換**を、小沢氏は、国民に説明することもなく、国民の賛意を問うこともなく、安易に行おうとした。胡錦濤との「正三角形」論の合意などを見れば、そう見られても仕方あるまい。

そもそも**外交に関する何の権限も持たない一幹事長**が、それを行ったことに、日本国民は、もっと警戒心を持つべきだろう。

しかも、当時山岡氏はとくとくとして、「胡錦濤主席と小沢幹事長との間で確認された」と世界に向けて宣言している。何よりも、民主党幹部の誰も、そして小沢氏自身も、この「越権行為」の異常さに気づいていないこと自体に、私は大変異常なものを感じるのである。

「小沢的なるもの」の異常・その三——民主主義のはき違い

象徴天皇制の解釈、安易な対外国策転換の発言と、こうした小沢一郎の異常と思われる言動の源泉はどこにあるのか。おそらく、それは小沢氏個人の性格や権勢欲にだけあるのではあるまい。というのも、小沢氏はことあるごとに「国民が選んだ内閣」という発言を繰り返しているからである。

「天皇陛下の行為は、国民が選んだ内閣の助言と承認で行われるんだ、すべて」

「宮内庁は（国民が選んだ）内閣の一部局じゃないですか。政府の。一部局の一役人が、（民意を代表する）内閣の方針や決定したことについてどうだこうだというのは、民主主義を理解していないのと同じ」

という具合である。

こうした発言から見えてくるのは、小沢一郎独特の民主主義観である。

「国民が選んだ内閣」なのだから**天皇陛下でさえそれに従うべき、という論理**は、国民に対してもまた、「国民が選んだ内閣に従うべきである」という結論に達する。従わなければ、それは「民主主義を理解していないからだ」というのである。

こうした民主主義観は、じつは、欧米先進国が長年培《つちか》い、日本が模範としてきた自由な民主主義の考え方とは程遠い。本来の民主主義は、選挙で勝った政党でも、すべての権利を持つとは考えない。民意は、そのときの状況に応じて変化するものだし、**少数派の意見も尊重する必要がある**からである。そもそも、権力を行使するときの姿勢において、**民主主義とは自制を本質とする**ものなのである。

だから、議会は、常に民意の在《あ》り処《か》を探り、民意を汲み取り、その正誤を探ろうとし、野党の意見にも耳を傾けるのである。そして、重要な問題については、総選挙をくり返したり、国民投票に訴えたりして、国民の意見を誤りなく反映させようとするのである。

そういう意味で、民主主義は、紙や法律に則っているものではなく、個々の国民の心が育んできたものである。そうでなければ、**自由と民主主義の両立**は機能できないのである。

それに対して、小沢前幹事長の主張する「国民が選んだ内閣」を絶対視する民主主義観は、たとえば、ジャン・ジャック・ルソーの「一般意志」を反映したフランス革命の全体主義的民主主義に近いものである。

「一般意志」とは、「全体の意志」つまり「共同体全体の利益」を自称する絶対的な意志であり、それにすべての個人は従わなければならない最高意志のことを言う。選挙で選んでも、力で獲得しても、「独裁」をめざすという点で同じなのである。

フランス革命の立役者ロベスピエールによるギロチン政治は、「ルソーの血塗られた手」と言われ、「一般意志」を議会代表者の意志と考え、〝反革命〟勢力を粛清した。あるいは、レーニンやトロツキーやスターリンによる「全体主義的民主主義」や戦後左翼の「民主集中制」に似ている。

つまり、彼らが標榜する民主主義は、国民は選挙のときだけ、自分の支持する政党を選べるが、一旦選んだ以上は、**選挙に勝った政党に全権を委任しなければならない**という〝民主主義〟である。さらに、委任された政党は、党内で選んだ政党の代表に全権を委任するのである。

これは日本が培ってきた民主主義とは、全く違う民主主義である。そういう民主主義観を持った小沢幹事長（当時）が代表者であるかのように振る舞う民主党政権は、一種の「革命政府」といえよう。こうして、「国民が選んだ内閣」は、「革命政府」さながらに、**国の根幹である天皇制や安全保障政策を変えようとしている**のである。

そして、小沢一郎が主張する民主主義は、ついに、これまでの民主主義を覆す方向に向いてきた。それは、「陳情の幹事長室一元化」と「議員立法の禁止」である。

陳情は、自分の要求や主張を行政や立法の担当者である議員に伝える権利であって、国民が持つべききわめて基本的な権利である。それを制限しようというのは、明らかに国民の権利を侵害していることになる。

「議員立法の禁止」はさらにひどい。国会議員とは、英語でいえば「ローメーカー」、すなわち「法律を作る人」を意味する。小沢氏らは、議員を、法案を作れない存在にして、自らが出した**法案を圧倒的多数で通すためだけの投票マシーン**にしようとしているのだろうか。

党指導部の締め付けで議員立法ができない国として、一党独裁の中国が挙げられるが、かの国では毎年三月に人民代表大会が開かれ、わずか二週間のうちに政府提出案がシャンシャン総会のごとく次々と決められていく。まさに「お飾りの議会」だが、このままでは日本も早晩そうなってしまう。

　これはまさに、民主主義の自殺行為というべきだろう。ラテン・アメリカでは、国政が混乱し始めると、これまでしばしば独裁政権が誕生してきた。一般に**中南米諸国では、「民意が絶対」という思想が強い**が、そうした民主主義観は、「最後は独裁につながりやすい」ということが、古代ギリシャ以来、言われてきた。

　また、民主党政権が手本にしているイギリス議会では、法案のほとんどを議員が作っているのである。この点はどうして見習おうとしないのか、不思議でならない。

　さらに言えば、小沢前幹事長の土地問題が浮上したとき、民主党は検察のリーク（情報の横流し）を疑い、調査チームを作って報道のあり方を検証すると言い出した。これは明らかに報道機関への牽制である。そんなバカなことが起きるはずがない、と思われるかもしれない。

　しかし、日本に身近な国でも実例がある。韓国の盧武鉉《ノムヒョン》政権は、対米自主外交や行政改革などの政府の政策に批判的な報道機関を、抑えにかかったことがあった。

　具体的には、特定のマスコミだけを対象に、国税の監査を厳しくしたり、電波法・放送法の監督権限をてこに揺さぶりをかけたりした。反政府の急先鋒だった有力紙

『朝鮮日報』などは一時、発行できない状況にまで追い込まれた。

政治というのは、構造が似ていれば国民性が違ったとしても同じ現象が起こりうる。対米自主外交をはじめ、鳩山前政権は盧武鉉政権に似ているとしばしば比較されたことがあるが、菅総理以後同じ道を辿らぬことを願うばかりである。

そして、学問の世界とて例外ではない。私が政権に多少批判的なことを書くと、政治の風向きに敏感な首都圏の学者や評論家などから、「そんなことを言って大丈夫なんですか」と心配されることがあるが、日本の知識人がここまで「言論の自由」に危機感を覚えるようになったのは、おそらく戦後初めてではないか。

こうして、日本の民主主義は、このままだと、一種の全体主義へと移行していく可能性すらある。そうならないために、幹事長の椅子を降りてなお権力に執着する小沢氏に一こと言いたいのは、もうすこし忍耐強く寛容になってほしいということである。

なぜなら、それこそが自由の基礎であり、**自由こそ、民主主義の最も大切な基礎**なのである。自由を奪って国民を息苦しくさせるような指導者は、民主主義には不必要なのである。

日米同盟から日中同盟へ

異常な言動が目立つ小沢一郎と「小沢的なるもの」について、私なりの見方を述べてきたが、中でも、最も国民が警戒すべき日中関係については、もう少し突っ込んだ考察をしておきたい。そもそも、**中国は、なぜあそこまで天皇会見に固執**したのだろうか。

その経過を簡単にたどってみよう。

＊十一月二十六日　外務省宛に、習国家副主席が天皇陛下と会見したいと正式申請。
＊十一月二十七日　外務省の打診に宮内庁は「一カ月ルール」により応じられないと返答。
＊十一月三十日　外務省が正式に、会見はムリであることを中国側に伝えた。
＊十二月七日　鳩山前首相が官房長官に善処を要望。羽毛田宮内庁長官は再度の断り。

＊十二月九日　天皇のご健康を理由に断ったにもかかわらず、中国は小沢前幹事長に懇願。

＊十二月十日　小沢氏の要請で、官房長官が「首相の指示」と羽毛田氏に伝える。

このような再三の要請に、宮内庁はついに屈服し、「特別会見」を承諾させられたのである。中国の執拗な要請を、日本のマスコミはこぞって、一九九八年にあった胡錦濤との会見と同様の待遇を受けて、いわゆる「箔《はく》をつけたい」からではないかと理由付けしたが、中国の思惑はそのような箔付けにはないことに気づくべきだ。

天皇陛下に象徴としての敬意を払っている日本人ならばともかく、当然ながら中国にそんな発想はない。

どちらかといえば江沢民派に近く、**胡錦濤とは距離を置く習副主席の天皇会見要請**は、中国国家の国策の一つなのである。ここで思い出してほしいのは、戦後、連合国最高司令官として来日したマッカーサーが、昭和天皇を呼びつけ出し抜けに撮影した、あの有名な写真を公開したことである。

日本国民にとって天皇陛下がいかに価値あるものかを知っていたマッカーサーは、日本国民に、あの写真によって誰が日本の支配者なのか、を明確に示そうとしたのである。そして、あの写真を見た日本人は、こぞってマッカーサーこそがこの国の支配者と受けとめ、GHQへの全面服従へと向かった。

日本を操縦する上で、このような天皇陛下の価値がいかに大きいかをよく知っている中国は、今回それと同じことをしようとした。

鳩山政権下の日本は、何かにつけアメリカと距離を置き、中国に接近し始めていたが、それなら、この対中接近の本気度を試してやろうと、中国はこのように日本に無理難題を受け入れさせて威圧感を与え、日中関係において自らの位置を上げようとしたのである。これは、まさに中国外交の常套手段なのである。


天皇陛下と習副主席との会見が決定されたまさにその日、小沢一郎は六百四十人もの訪中団を率いて中国に旅立ち、一人ひとりと挨拶する胡錦濤主席の姿を満面の笑みで見守った。これぞ、朝貢外交以外のなにものでもあるまい。

小沢氏のこの一連の動きによって、世界は、**日本が日米同盟から日中同盟へとチェンジ**しようとしていると見始めた。鳩山前政権は、そんなことには一切おかまいなしに、どんな無理をしても中国の強硬な要請を受け入れることが、「日中友好を強固なものにする」と考えていたのだろう。困ったことは、それが国策にかなうと信じている愚かさである。

しかし、繰り返すようだが、これら小沢氏一連の言動に、国民の意思は全く反映されていないのである。つまり、日本の根幹にかかわる国策が、国民のあずかり知らないところで転換されようとしているのである。

テレビで放映された天皇陛下と習国家副主席の会見を見て、私は暗澹たる思いにとらわれた。オバマ大統領でさえ天皇陛下には深々とお辞儀をしたというのに、国家元首ですらない習副主席は、頭一つ下げなかったからである。民主党は、日本を中国の属国並みの国家にしようとしているのだろうか。

小沢前幹事長は「選挙に勝ったのだから、民意はすべて内閣つまり自分が代表している」と言いたいのかもしれないが、それを言うならあの**アドルフ・ヒトラーも、選挙に勝ったことを根拠にして、総統になった**のである。

そういう意味では、小沢一郎が作ろうとしている独裁体制には、国民にもその責任の一端はある。国民が「生活第一」というスローガンに目がくらみ、そうした体制を容認している節が見えるのである。社会に閉塞感が漂っているとき、人はえてして強力な指導者を求め、政治に過度な期待をするものである。

しかし、国民が**自由よりも生活第一に溺れ、政治に頼りすぎると、民主主義はいつでも独裁や全体主義へと堕落しかねない**のである。ラテン・アメリカの近・現代史が、このことを何よりも雄弁に物語っている。今の日本も、まさにそうした状況になりかねないと危惧されるのだ。

ラテン・アメリカにも劣る日本政治の金持ちゲーム

小沢一郎氏の問題だけでなく、鳩山前総理の偽装献金問題なども併せて考えてみれば、政治はお金持ちのゲームの場か、と言いたくなる庶民の気持ちがよくわかる。鳩山氏のような、**政治に対する情熱も感じられず、政治家としての能力を疑わせるような人物**が、なぜ党の代表になれるのかをいぶかったことがあるが、今回の件でその疑問が解けた。

彼は、母親から貰った年間一億八千万円もの「子ども手当」を元手にして、仲間つまり「子分」の面倒を見ていたにちがいない。カネのあるところに人が集まり、ついにこのような人物が代表に選ばれるに至ったのである。

日本の政治の実態は、何と未開なレベルにあったのか。鳩山氏の偽装献金事件は、そのことをまざまざと見せつけるものであった。ラテン・アメリカ諸国でも政治腐敗には事欠かないが、ここまでの話は聞いたことがない。むしろ日本と比べるのは向こうに失礼である、と言わねばならないだろう。

また、例外的に、階級制度が厳しく、庶民がエリートになるのが難しいイギリスでさえ、今は貴族出身や大金持ちの党首はほとんどいない。もし、貴族や大金持ちの出身だったとしても、親の財産をこれほどあからさまに、政治活動には到底、使えない。

ところが、日本では、いまだに**親から多額の資産を受け継いだものが、本人の能力と関係なく力を持つ**という「資産家支配」が続いているのである。これについては、旧聞に属するが鳩山前首相の実弟である鳩山邦夫氏が赤裸々に語っていたことがある。

まず、小沢氏についての邦夫氏の見解はこうだった。

――小沢さんという人は、古い自民党政治の仕組みの中で天才性を発揮し、保ち続けている。一つはカネ集めです。この能力がめちゃくちゃ高い。小沢さんは、公共事業とカネの関係を熟知していてうまく利用したのです。

もう一つはその集金力をバックにしたカリスマ性。小沢チルドレンはそのカリスマ性に心酔しているから、小沢さんから離れないでしょう。

抜群の集金力とカリスマ性を持っている以上、小沢さんは今後も民主党内で力

を持ち続けるでしょうね。――（「週刊現代」二〇一〇年二月二十七日号）

まさに、すべてはカネ次第、井原西鶴流にいえば、「カネが全ての政治世界」なのである。後に独裁者となったスターリンにしても、単なる「事務主任」でしかなかった書記長のポストについて予算を握ったころからおかしくなった。気に入らない人物を**兵糧攻めにして、ポストを差配して締め上げ、ついには粛清の恐怖政治**に至ったのである。そして最後には「党内民主主義」の掛け声のもとに、権力が一カ所に集中する体制「民主集中制」を作り上げたのである。

魂を売ったリーダーに日本は任せられない

さらに、鳩山邦夫氏は、兄の由紀夫については次のように語っている。

国会議員になってしばらく経ったころ、ユートピア政治研究会を立ち上げた鳩山兄は、小沢批判の急先鋒だった。そのとき、邦夫氏に「小沢一郎的な**金権政治、派閥政治、密室政治の三つを放逐する**ことが自分の使命である」と明言していたという。

――ところが、その兄が、民主党と自由党が合併して、小沢さんとつきあうようになると、「菅直人ではなく自分が首班指名を受ける」と欲を出すようになってくる。それで小沢さんに完全に忠誠を誓った。兄は小沢さんに魂を売ってしまったんです。（中略）

首相は兄だけれど、実際には小沢支配で政治が動いている。いわば民主集中制であり、全体主義国家の体制です。兄が魂を売ったからそうなったんです。（中

略)

さらにいえば、兄は魂を二つ持っているんですよ。一つは小沢さんに売り、もう一つは選挙のために労働組合に売ってしまったんです。だから、今の兄には魂がない。総理大臣をやっている鳩山由紀夫は抜け殻で小沢さんの操り人形。自分では何も決められないのは当然です。——(引用、同前)

邦夫氏の指摘どおり、**自分を見失った鳩山前首相は小沢氏を道づれにする形で辞任**した。政治とカネの問題と普天間移設問題が、その主たる原因だったが、民主党が抱える難問は、普天間移設問題だけではないのである。内政面でいえば、まずは財政の立て直しが焦眉の急である。民主党の「てんこ盛り」のマニフェストでは、いずれ国を破綻させることになる。

たとえば、アルゼンチンのペロン政権は、人気取りの徹底したばらまき政策の結果、国の財政を破綻させ、軍事独裁を招いた。

日本も、マニフェストを守ろうとしたら、国債発行額は莫大なものになる。そうなれば、もう外国は(中国以外は)どこも買ってはくれなくなる。このままの状態では、

日本の財政は二、三年で破綻するかもしれない。

国民も、もっと政治的に成熟して欲しい。冷静に財政状況を見極めれば、マニフェストどおりにはいかないことがわかるはずである。

前に言ったように、政権交代は多くの危険をはらんでいる。本当の意味での二大政党時代が来るまで長い目で見ることも大事だが、今の日本では、もう一つ、そのときまで**財政や安全保障が維持できるのか、まさに時間との勝負**という問題がのしかかってくる。民主党の政権政党としての自覚と目覚めを、切に求めたい。

そして、個々の政治家も、もっと自覚し成熟して欲しいのである。とくに民主党政権に要求されることは、内政、外交すべての命題について、これまでの失敗を学習と受け止め、「高すぎた授業料」になる前に、一日も早く本来の政治のあり方に立ち戻って欲しいのである。

2

ローマ型衰亡へと向かう超大国

「日の没することのない国」から世界史の脇役へ

オバマ大統領の政権が誕生して一年半、私が今、しきりに考えているのは、〝アメリカの世紀〟が終わったあとのアメリカはどこへ行くのか、ということだ。というのも、私たちが認識すべき目下のメインテーマは多極化する世界とは何か、ということであり、それは取りも直さずアメリカ衰退の行方、という問題であり、それを知らなければ、日本の今後を語ることはできないからである。

しかも衰退の速度は速い。少なくとも現在の「世界の超大国」としてのアメリカの地位は、二十年、長くても三十年くらいだと私は思っている。それに伴って、あるいはそれ以上のスピードで、**日本は衰滅の道をたどる**からである。

この「近々」やってくるであろうアメリカ衰退の日を考えるにあたって、参考になる国がある。それはスペインである。スペインは、**コロンブスやマゼランが活躍した時代に世界帝国として君臨**していた。

一四五一年ごろイタリアに生まれた航海士コロンブスは、地球が球体であることを信じ、大西洋という海を越えればインドに到着するはずだと考えて西への航海を決意した。

それを応援したのは、スペイン女王イサベルで、彼がサンタマリア号以下三隻の船を従えて出発したのは一四九二年八月だった。二カ月余のち、新大陸に到達したコロンブスは、そこを「インド」と信じたが、実はいまのアメリカ大陸だったのである。

一方、ポルトガルの航海士マゼランはスペインのカルロス一世に仕え、同じく西回り航路で世界へ船出をしたのは一五一九年だった。翌年、のちにマゼラン海峡と呼ばれるようになる海峡を通過して太平洋に出て、一五二一年にフィリピンに到着した。

コロンブスとマゼランの二人がいずれも**スペイン王の後ろ盾を得て、広い世界へ飛び出していった**事実は、当時、すなわち十五世紀から十六世紀にかけて、スペインが未曾有の大帝国を築いていたことを物語っている。この時代の代表的覇王すなわちスペイン王は、フェリペ二世である。

私たちは、イギリスを大英帝国と呼んで、世界の覇者だったその往時を偲ぶことが多い。しかし、じつは、メキシコから南米のほとんどを支配して、最初に「日の没することのない国」といわれたのはスペインなのである。

インカ帝国を築いていたペルーが、スペインの攻撃を受けて完膚なきまでに破壊されたのもこの頃のことである。山上にあったために、有名なマチュピチュ遺跡は残ったが、その他の町にインカの面影はなく、どこへ行っても「ここはスペインの街か」という様相を呈している。

また、メキシコは、アメリカ探検を命じられたスペイン人のコルテスの攻撃を受けて、当時のアステカ帝国が征服されている。


さて、このスペインという国家、それ自体は、その後、何度か衰退の危機に遭いながらも、ずっと大帝国の地位を長い間維持し続ける。

なぜスペインは、何度もめぐってきた下り坂を盛り返すことができたのか。それはやはり、**衰退を直視して、現実主義に目覚めた**からである。スペインはそれまで、**キリスト教の布教で世界に勢力を伸ばそう**としていた。帝国にはイデオロギーが必要だ。スペイン帝国にとってのカトリック教は、現在のアメリカの民主主義のようなものであり、それを普遍的正義と信じていた。

しかし、スペインはあるときを期して、それをやめて、「身の丈に合った」形で守勢にはいった。つまり、植民地を南米の一部とフィリピンなどにとどめ、それ以上の拡大を諦めたのである。

しかし、それもやがて終わりを告げた。この大植民地帝国が、強国の地位から転落し始めたのは、十七世紀なかばで、オランダ、イギリス、フランスに圧倒されることになった。それには、この時期に起こった**気候変動が原因で、農業収入が激減した**ことも大きい。

農業の荒廃に直面して人々は都会に流れた。当時流行った**バロック音楽やバロック美術は、衰退の始まったスペインの窮状が咲かせた一種のあだ花**だったとも言える。

そして、十八世紀はじめのスペイン継承戦争や十九世紀の中南米植民地の独立やアメリカとの戦い（米西戦争）により、結局、スペイン帝国は「歴史の思い出」の中に埋葬されていった。

スペイン継承戦争とは、スペイン・フランス対イギリス・オーストリア・オランダの戦争のことである。フランスのルイ十四世は、孫のフェリペ五世をスペイン王として承認させたが、植民地での領土を失った。

どんなに繁栄を極めた国家でも、やがて必ず衰退の日は来る。普遍主義を掲げる帝国は、一旦、凋落を始めると急速に進む。アメリカの衰退を語るとき、念頭に置いておくべきはこのことなのである。

では、アメリカは十七世紀のスペインのように普遍主義を放棄し「世界史の脇役」の地位に甘んじられるのだろうか。アメリカの行方を考えるとき、これが大きなポイントの一つだ。

「戻るべき地」を持っていたスペイン、持たないアメリカ

スペイン衰退にはまた、次のような公式が成立する。

大帝国として勢力を伸ばしつづけた結果、植民地の銀が大量にスペインに流入した。銀がこうして、現代のドルのように世界通貨になっていくと、生活水準の向上と共に長期的なインフレ状態になってしまい物価が大きく上がる。人件費も上がって兵隊が使えなくなる。

そうすると、必ず物価・人件費の安い挑戦国つまりライバルが出現して、底なしの覇権争奪戦が始まる。スペインのライバルは、はじめはフランスだったが、やがて共倒れになると、**十八世紀を迎える頃にはイギリスやオランダが漁夫の利を占めた**のである。

こうしてスペインは、帝国として没落していく。それは二十世紀のイギリスもまた同様だった。しかし、ヨーロッパの国々には、アメリカにはない利点がある。それは、

「帰るべき故郷」を持っていることである。世界中で失敗して疲労困憊の状態になったら、ヨーロッパの自分の故郷に戻れるのである。

アメリカにそれができるだろうか。おそらくそれは難しい。植民地同様の権力を行使していた世界各国から引き揚げたとき、ヨーロッパ諸国のように国家として特有のアイデンティティを持たないところが、アメリカとヨーロッパとの大きな違いなのである。

とはいえ、今のアメリカにしても忽然と出現したわけではない。もし、もう一度「再アングロサクソン化」して、もともとの固有のアメリカ、**西部開拓史以前の「ピルグリム・ファーザーズ」のアメリカに戻る**というのであれば、可能性はないとは言えまい。

「ピルグリム・ファーザーズ」とは、ヨーロッパ、主としてイギリスから大西洋を渡ってきた清教徒たちのことである。

アメリカの国際政治学者ハンチントンはまさに、「アングロサクソンへの回帰」を提言している。オバマの大統領選勝利の直前に亡くなった彼は、八項目にわたる遺言により、白人国家アメリカを守るべきであると言い遺した。

彼は、冷戦終結後、世界はグローバルな一体化へ向かうのではなく、**中国、インド、日本、イスラム、西欧、東方正教会、ラテン・アメリカ、アメリカの八つの文明圏に分裂して対立**すると予見した。イデオロギーの違いで分かれていた世界は、文明的に同じもの同士で統一していくとも言った。つまり、それは、アメリカが再びアングロサクソン化して、かつての「固有のアメリカ」に戻るということにほかならない。

しかし、私にはもはや**人種だけでなく文明のるつぼと化したアメリカが、開拓当時のアメリカに戻ることは不可能**に思える。おそらくアメリカには、もう一つの道しか残されていないのではないか。

それは、結局戻ることができなくて、世界中に再び、そしてより薄く広く広がっていくことである。アメリカ人たちはグローバル化する世界で、本当に「世界市民」のようになって各地で溶け込んでしまう。しかしそれが本国の力を一層そいでゆき、**アメリカは世界に広がって「アメリカ的なるもの」は希薄化する**ことになる。

百年先か、二百年先のことかはわからないが、「昔、アメリカという国があった」と、歴史の一部で語られる国になるのである。

そして、そのときのアメリカ本土には、「アメリカ」という価値観を一切持たない人々、つまり〝蛮族〟が侵入して、新しい主人公になっていくだろう。ハンチントン的な危機感を持っているアメリカの評論家たちは、その蛮族の一つにヒスパニックを挙げている。

そういう意味でいえば、アメリカに黒人の大統領が生まれて当然なのである。ヒスパニックすなわち〝蛮族〟の出現を嫌ったアメリカ国民が、**アングロサクソン化され、スペイン語など全く話せず、生粋《きっすい》のアメリカ英語しかしゃべれないような、つまりすっかり「アメリカ化」した黒人**を大統領にした、と考えれば十分納得がいくではないか。

つまり、オバマという大統領をアメリカ人が選んだのは、「アメリカ」文明の必死の自己防衛策だったのではないか、ということだ。

英語を喋らないアメリカ国民が増えている

アメリカに黒人大統領が誕生したという状況は、まさにローマ帝国を彷彿《ほうふつ》させる。古代ローマ帝国で最初の皇帝が誕生してから二百二十年後、初の黒人皇帝が誕生したのである。

その名はルキウス・セプティミウス・セウェルス、ローマに併合されたカルタゴの北アフリカの一都市で、先住民族の有力者の息子として生まれた。母親はローマ系だったという（オバマの母親も白人系アメリカ人である）。セウェルスは、混乱する国内を治め、中東に多大な国力を投入し、多くの問題を解決した賢帝となった。

つまり、**人種とは、世界帝国とは無縁のものであって、易々とその壁を乗り越えてしまう**ものなのである。普遍化した帝国にとって問題は、人種ではなくむしろ文化にある。ここで言う文化とは、アイデンティティとしての普遍的理念に関わる重大な要素だからである。

たとえば、言葉である。今の日本に生まれ育った人間で、日本語が喋れないという人はおそらく皆無だろう。しかし、アメリカでは英語が喋れない人間が著しい増加傾向にある。たとえば、メキシコ人は、不法移民として国境を越えてアメリカへやってくるが、当然英語は喋れない。

カリフォルニアあたりでは、「メキシコタウン」のようなメキシコ人だけの町がたくさんある。ここの住民は、スペイン語だけで事足りるから英語を覚えようとしない。ニューヨークには昔から中国系の大きなチャイナタウンがあるが、これらの町はそれよりもはるかに大きい。

一生スペイン語だけで生活して、子どもを生み育て、すでに不法移民の三世まで誕生しているというのだから、ことは重大だ。

ひとつには、アメリカの市民権を得るのが比較的容易であるという点がある。アメリカの法律では、**アメリカ国内で生まれて出生証明書を提出すれば即座に市民権を持つ**ことができる。だから、親が不法移民でも、子どもは、法的には立派なアメリカ人となりうる。

ものすごい勢いでヒスパニックが増えているのは、そういう事情なのだ。大統領選で、ヒスパニックを無視できないのも無理はあるまい。そして近い将来、オバマのようにアングロサクソン化したヒスパニックのエリートが大統領になるだろう。

問題はアングロサクソン化つまり「アメリカ」化を拒否するヒスパニックが大統領に選ばれるときが来るかもしれないということだ。そのとき、アメリカはパニック状態に陥るだろうか。もし、そうならなければ、アングロサクソン的なアメリカはすっかり消滅した証拠といえよう。

前出のハンチントンは、こうした事態になる可能性に危機感を持ったといえる。ここで彼が遺言として遺した八項目を紹介してみよう。

・西欧文明を保持する国家がさらに統合を進めて、他の文明につけこまれないようにする。
・中央ヨーロッパの西側諸国を、欧州連合とNATOに組み込む。
・ラテン・アメリカを西欧化し、早急に同盟を結ぶ。
・イスラム、中国の戦力拡大を抑える。
・日本と中国が和解して協力関係になるのを遅らせる。

・ロシアを正教文明圏の中心国家として認める。
・西欧の技術力や軍事力の優位を維持する。
・西欧が他の文明圏の問題に深く介入することは危険である、と認識する。

ハンチントンは、高級将校にでもなった人間は例外としても、一般的に、**勢力を伸ばしつつあるヒスパニックは、絶対に「アメリカ人」にはならない**と考えている。そして彼らが権力を持つことは、すなわち、やがて**消滅した古代ローマの二の舞**になる、とする。

ハンチントンやそれに連なる評論家たちの主張は、アメリカが「アメリカ」であり続けるためには、言葉や宗教、あるいは独立精神や建国の理念など、歴史と伝統を背景とするアメリカ的価値観を是が非でも共有すべきである、ということである。

ハンチントンたちは、カリフォルニア、ニューメキシコ、アリゾナ、テキサスなど、アメリカの南西部やロッキー山脈大平原地帯などにおいて、**黒人よりもヒスパニックのほうが増えている**現実に差し迫った危機感を持っているのである。

財政破綻で道路が直せない

ヒスパニック激増の背景にある歴史的要因として、一つには百六十年ほど前に起きたメキシコとの戦争がある。当時のメキシコは三百年にわたるスペイン支配から独立したものの、連邦共和国になったのち失政が続き、まずテキサスが分離独立した。つづいて起こったのがアメリカ・メキシコ（米墨）戦争であり、敗北したメキシコは国土の半分近くを失った。つまり、今「ニューメキシコ」と呼ばれる**テキサスやカリフォルニアは、もともとメキシコ領**だった。

アメリカは、メキシコから奪った領土を急速に「アメリカ化」しようとし、土地そのもののアングロサクソン化に熱心に取り組んだ。つまり**先住民の痕跡を消し去った**のだ。だから続々と侵入してくるヒスパニックは、それなりの理屈を持っている。「もともと自分たちのものだった領土を平和的に取り戻そうとしている」のであって、いわば、**メキシコ戦争の復讐をしている**のだというのである。メキシコの識者たちは、

「我々としては正当な権利の行使である」という論理を展開する人もいる。

だから、**十九世紀に膨張に膨張を重ねたアメリカが、今収縮期にはいった**ということになるのかもしれない。少なくとも人種的にいえば、そういうことになるのである。それは取りも直さず、文化的にも収縮しはじめて、非アングロサクソン化、「ディ・アングロサクソニゼーション」という歴史の逆流現象が、すでに南西部の一部の地域で始まったのである。

これはまさに、「ローマの衰退」に似た衰亡のパターンと重なってくる。つまり、大きな戦争が起きて負けたというのでもなく、どこかに征服されたというのでもなく、あるいは内乱が起きたわけでもないのに、**じわじわと、種としての根源が入れ替わりつつある**のだ。

古代ローマでは帝政開始後の二百年間いわゆる「ローマの平和」がつづいたが、それから百年後、キリスト教を弾圧していたはずのローマ帝国は、コンスタンティヌス大帝のとき、キリスト教を国教にした。このとき根底から、ローマ帝国は変化し、まったく文化の違う別の国が誕生したとすら言う歴史家もいる。

首都も、コンスタンチノープル、今のイスタンブールに移り、中心は東ローマに移った。長編『ローマ人の物語』を長年書きつづけている作家の塩野七生さんも、「ここでローマの歴史は終わった」と言っている。

私たちが習うローマの歴史では、ローマ帝国はさらに百五十年つづいたとされる。しかし、この百五十年間のローマは本来のローマ帝国ではない。ゲルマン人が侵入してきて、ただただ、それまでの高次元な普遍的文明が壊れていった時期とされる。

こうしてじわじわと衰退していったローマは、多くのものを失った。お金をかけて熱心に整備した**図書館、下水道を備えた都市機能、文化施設、神殿、道路**とどんどん壊れていった。まず財政が破綻して、メンテナンスができなくなってしまったのである。

その結果治安が乱れた。蛮族が夜にやってきて、壊れた橋の残骸を盗むことなど日常茶飯事となった。盗んだ石で自分の家を造ったのである。都市機能も文明生活も崩壊して、人々は都会を捨てて田舎を放浪した。

しかし、**社会福祉国家化した都会で娯楽に明け暮れていた都会人**が、おいそれと農業などやれるはずがない。農村には農村なりの文化があっただろうから、迎える側も大いに迷惑だった。彼らが農村地域に定着するまでに、二世代三世代までの年月がかかったのである。

福祉を避けて通れない民主主義国家のジレンマ

いつの時代、どこの国でも、行き過ぎた社会保障は国家を衰退させる。ローマの最初の衰退へのプロセスも、帝政になった直後、社会保障が完備していくプロセスと一致している。

社会保障が行き過ぎて止まらなくなってしまったのは、**ローマ皇帝が選挙で選ばれたから**である。しかも、かつてのように民会で代表者を選んで、そこで皇帝を選ぶという仕組みは形骸化していた。

ローマのコロセウムがあれほど大きいのは、皇帝が大衆の歓呼に応えるためだった。皇帝が大観衆の前に立って演説をして、ワインやパンを配り与える、そのためのコロセウムだったのである。

その光景を想像してみてほしい。これは、日本の総選挙というより、アメリカの大統領選に似ていないだろうか。社会保障という**福祉が選挙に勝つための人気取りの道**

具になってしまったところまでは同じだが、**政権という国家最高の権力を、政治の動向を、一般大衆層が直接決める**のである。

アメリカは、ニューディール政策の始まった一九三〇年ごろから政治による社会福祉が当たり前になってきて、失業給付をどんどん出していった。大衆民主主義で、選挙では必ず勝たなければいけないからである。

そしてオバマ・アメリカは、公的医療保険制度という国家のタブーに挑戦している。いい加減なまとめ方をしたのでは、大衆が許さないだろうが、一方、莫大な財政負担がかかることは明らかである。

ワシントン政界の最大のスポンサーの一つである民間の保険会社は、抵抗を示している。クリントンもできなかった改革を、オバマは果たしてできるのだろうか。

この高度な生活水準を享受している「大衆民主主義」とは、じつは厄介な存在で、それが政治の本質を変え、国民の間で責任ある政治を誰も考えなくなる傾向が出てしまう。

政治家も、只々どうしたら人気が取れるかということばかり考えるようになり、誰一人として、それが**国益にかなうものなのか、本当に国民を幸せにするのかというこ**

とを考えないのである。これはどこにでも見られる光景で、平成の日本もその例外ではない。

欧米のマスコミは、イランのアフマディネジャド大統領が、貧民にパンを贈って人気取りをしたことを揶揄《やゆ》したが、選挙や政治で「うまい話」に惹かれるのは欧米人や日本人も同じだろう。

本来、福祉とは、頑張って働いても報われない人々を救うことが目的だったはずだ。ところが、昨年来、日本の**民主党が打ち出した子ども手当は所得制限なし**である。

先進国としての日本のやることとしては早すぎるバラマキ政治であり、これもまた、国家が衰退へと向かっているという兆しの一つといえよう。たしかに衰退期に起きる兆しとしては少子化現象もある。それゆえ「子ども手当」の支給は、まず絶対に少子化の歯止めにはならないだろう。

なにはともあれ、多少形は違うが、アメリカも日本も衰退しつつある。おそらく日本は、アメリカよりもはるかに急速に衰退していくだろう。しかし、最後はアメリカの行方にかかってくることは、くり返し述べたところだ。では、アメリカはどうなるのか。

ローマは千年の歴史を誇ったが、**近代のこれまでの世界帝国は衰退の速度を速め、長く見積もっても百年から百五十年**だった。

イギリスの場合、「パクス・ブリタニカ」と言われた国家の最盛期は、一八一五年のナポレオン戦争後のことで、第二次大戦のときはアメリカにすでに覇権を譲っていたから、やはり百二、三十年というところだろう。

イギリスの場合も、衰退原因としての「福祉」の行きすぎが顔を出す。

たしかにイギリスは伝統的に「慈善《チャリティ》」を大切にする社会だったが、その興隆期においては、自由放任の「レッセフェール経済」で、二十世紀的な福祉の概念は持っていなかった。しかもアメリカとはまったく違う世界との関わり方（力を節約する勢力的均衡政策）をして軍事費は極力抑えられており、財政は一貫して黒字を保っていた。

ところが二十世紀に入ると、**「ゆりかごから墓場まで」といわれる世界最先端の福祉国家**になっていった。比較的個人主義で自助精神が強かったイギリスだったが、それでも、大衆社会の到来と共に、この福祉政策が歴史的な衰退のきっかけになったのである。

思えば、二十世紀初頭、イギリスが世界の大帝国だったころ、イギリスの衰退などだれも予想しなかった。しかし、繁栄の頂点に育った世代が国を動かすようになり、大衆社会と向き合うようになると、一気に**ポピュリズム（大衆迎合主義）が強くなって世の中は競って「弱者の天下」へと動き出し、政治の一大テーマとしての「社会福祉」が国を動かし始めたことが衰退の兆し**だったのである。

この時代に起こったイギリス社会の雰囲気の変化を示す例が、あのウィンストン・チャーチルの登場であった。金銭的理由から新聞記者となって、一九〇〇年南アフリカでのボーア戦争に従軍していたチャーチルは、大衆を煽《あお》るポピュリズムの権化として世に出るきっかけをつかんだ。

チャーチルは、自らの捕虜収容所からの脱出・逃走劇を真偽を取りまぜ新聞記者として発表して大衆の人気者になった。そして、頃合いを見計らい「英雄」になったところで選挙に出て勝利したのである。

それを足がかりにして、一気に大臣の座を射止め、ベタベタの福祉ばらまきと、この時代まではあった議員世襲制（貴族院）への批判とで大衆の拍手喝采を浴びた。もちろんチャーチルは、歴史に残る大宰相になるが、それはその後、長い苦難の道を経たのちのことだった。

日本の民主党政権は、現在、「イギリスを手本にする」としきりに言う。福祉ばらまきの「マニフェスト」や世襲制禁止の法案など、どこか似ているのは、やはり**安易なポピュリズムを利用**しようとする時代風潮が共通だからである。

オバマは米国庶民を裏切ったのか

二〇〇九年十一月十三日、オバマ大統領は就任後はじめて日本を訪問した。翌日、東京のサントリーホールにおける演説は、多くの人々の拍手喝采を浴びた。

しかし、目配り気配りの行き届いた、相変わらずの総花的な演説だったという印象は拭《ぬぐ》えず、しかも、その演出の魔力にも効き目がなくなってきたようだ。就任演説のときのダイナミックな調子は影をひそめ、声のトーンが平板になっていた。

おそらく、相当なプレッシャーを受けているのだろう。オバマと同じように、**閣僚経験がないまま大統領になったジョン・F・ケネディ**もプレッシャーに押しつぶされそうになったというから、この一年半のオバマの受けたストレスの大きさは想像できる。

ケネディが、自分の置かれた立場を知り、役割を自覚したのは、就任半年後の一九六一年八月だった。ソ連のフルシチョフが、ウィーンでの米ソ首脳会談後、突然「ベルリンの壁」を築いたのである。

ソ連にしてみれば、こうした思い切った施策でアメリカの失策を誘い、冷戦対立で一気にアメリカを窮地に追い込もうとしたのだろう。しかし、ケネディは、**世界的な核戦争が起きるかどうかの危機**を迎えて、危機の頂点において自分の責任の重さに気づき、自分を取り戻した。

これがあったから、アメリカの大統領のあるべき姿をつかみとり、翌年のキューバ危機を乗り越えたのである。他人には到底、理解されることのない**世界的リーダーとしての試練を受けてはじめて、アメリカの大統領は本当に「指導者としての自分」を自覚するの**だ。

オバマは、いまだにそのチャンスがないようだ。つまり「ぎりぎりの危機」を乗り越えることができていないのである。そのうんと手前で、スルっと後ずさりをし、そうした回避をくり返して、ずるずると日を過ごし、「こんなはずではなかった」と思いながら、かと言って豹変もできず、それが国民からは「優柔不断」に見えてしまう。

しかし、それは全てオバマの責任ではあるまい。運の悪いことに、時代が味方をしてくれないのである。たとえば、ブッシュが作った財政赤字により、国債の金利が上がり、その金利が企業の借り入れや住宅ローン金利に強い影響を与え、景気の足を引っ張ることになった。

そもそも、大統領就任直前にはリーマン・ショックが起き、出端を大きく挫《くじ》かれた。予算は、景気対策、失業対策、金融救済に使われ、一兆五千億ドルという膨大な財政赤字になった。これは、アメリカの歴史始まって以来の大赤字である。オバマは、自分の任期中にこの赤字を半減すると言っているが、それは不可能だろう。

しかも、不本意だったとは思うが、景気対策のために、予算はGMなどの大企業救済に使われ「大企業の味方」だという印象を与えてしまった。アメリカには、金融の〝あぶく銭〟で稼ぐ「ウォール街」と、庶民が汗して働く「メインストリート」の間に対立がある。

だから、オバマに投票した圧倒的多数のメインストリートの人々から見れば、ぬくぬくと生活しているウォール街に味方したオバマはたちどころに裏切り者に映った。アメリカ庶民の間では、「だから言っただろう。あいつはやつらの回し者だ」という言葉が囁《ささや》かれているのである。

そして、オバマのもう一つの不運は、アフガニスタンにおけるタリバン勢力の拡大である。オバマはイラク戦争に反対し、そのおかげで大統領に選ばれた。しかし、他方で、**九・一一事件の記憶がおそらく永遠に消えることがない**中、軍事大国アメリカの大統領として、「テロとの戦い」を取り下げることはできない。

彼は「アフガンは必ず制圧する」という公約を、イラクからの撤退と合わせて掲げた。これでは、世界中のイスラム教徒が、「初の黒人の米大統領」のはずのオバマも自分たちの「敵」というイメージで捉えたとしても当然だ。しかしそれは「アメリカ大統領」としてのオバマが掲げざるを得ない公約だったのである。

ところが、就任して三カ月の去年の春ごろから、**アフガニスタンの南部でタリバンの勢力がさらに一段と攻勢に出てきた**のだ。アメリカ兵の戦死者は、月を追って増えている状態なのである。こうした現状を踏まえて、アフガン派遣米軍の司令官マクリスタルは、四万の増派を求めてきた。

現在七万派遣しているところへ四万も増やしたら、イラクの最盛期と同じ数になってしまう。だから、**アフガン戦争は「オバマズウォー」と呼ばれる**ようになってしまった。

もちろん、イラクもまた、アメリカの思惑通り撤兵できる状況にはなっていない。そこへアフガンへの増派問題で、国民の関心は、今やもっぱらアフガンに向けられるようになっている。

とりわけ、**オバマに期待していたハト派のアメリカ人や派兵反対派**は、この点でもオバマを裏切り者と思うようになっているのである。

中産階級の反発が強い医療保険制度

これらに加えて、オバマが抱える最大の国内課題として、公的医療保険制度の難問がある。オバマに投票した圧倒的多数の貧しい人々は、公約の公的医療保険の導入に期待した。「オバマなら（クリントンとちがい）必ずやってくれるにちがいない」と信じたのである。

保険制度は、やはり公約に掲げていた同じ民主党のクリントンが実現することができなかったテーマである。以来、クリントンには、「平気でウソをつく人間」という、**白人エリートに対する負のイメージがつきまとう**ことになった。今日では、セクハラ問題と合わせ、「クリントンのように」といえば、平気でウソをつく人という意味になった。

それだけに、オバマへの期待はいやがうえにも高まった。オバマに投票した人々は、公的な福祉政策としての**医療保険なしでは生活できないような人**が多かったのである。

二〇〇九年一月に行われた就任式の日、議事堂の前の大広場、あの寒風ふきすさぶワシントンのモールには、何十万という人々が、徹夜でバスを乗り継いで集まった。「アメリカは変わる」と信じたからである。その多くは黒人や貧しい多くのアメリカ人だった。ぎりぎり最後の希望を、どれほど保険制度に託していたかがわかる。

無保険状態は、おそらく、アメリカ国民の二、三割に達しているのである。風邪を引いて**医者にかかっただけで、二、三万円、救急車を呼べば二十万円もかかる**というアメリカで無保険でいることの恐ろしさは大きい。

たとえば、盲腸の手術をするだけで年収が飛ぶ。私はアメリカ滞在中、自分に降りかかるこうした状況を何とかしたいと思い、いくつもの民間保険会社を訪ねてみた。保険会社は、「外国人で生活環境に慣れていない」「日本で十年運転していてもアメリカでは二カ月である」などなどを保険料の〝判断材料〟にした。その結果、示された月当たりの保険料は、二週間分の生活費に匹敵した。

オバマは彼らの声を受けて、先進国並みの公的医療保険制度成立のための法案を提出した。昨年から今年にかけ妥協に妥協を重ねたあげくの法案だから、成立しても庶民層にとってかなり不利なものになっている。それでも上院下院ともに、いまだに反対意見は強く、今の時点ではその帰趨《きすう》は量りがたい。

どうして、日本では、誰も疑問をはさむことなく成立している保険制度が、アメリカでは難しいのだろうか。

それについてはこれまで、民間の保険会社がアメリカ議会、とくに共和党の有力な圧力団体になっているからだ、といわれてきた。民間会社であるアメリカの保険会社はワシントンの政治利権と結びつき、公正さという点では大いに疑問のある経営をしている。たとえば日本では許されないような地域独占が許されているし、そもそも、いわゆる保険の掛け金が非常に高い。

貧しい大学院生でも、月々の掛け金が七百ドル、一ドル九十円で計算すれば、六万三千円である。これで、日本で「一応安心できるかな」という程度の保険だから、それがいかに高額かがわかるだろう。

つまり、こうした**保険会社が莫大な政治献金をすることで、ワシントンの政界とつながり、政界も保険業界に対しなすべき規制ができない**のだ、と一般的に言われ、私もそう考えていたのである。

ところが、オバマ政権になってわかったことは、抵抗勢力は保険会社だけではなく、いわゆる**中産階級に属している人々の一部も強固な抵抗勢力の一つ**だということだった。アメリカの人口全体の六割ぐらいを占めている彼らは、こうした高い掛け金を辛うじて払える階層である。

したがって、「何も払っていない下層階級と同列になる」ことに抵抗感を持っている。彼らは「政府のお金で医療にかかろうとするなんて、恥ずかしいと思わないのか」と言いたいのだろう。しかもそれを、オバマという下層階級に理解を示している黒人がやろうとしているのである。そこには人種的な反感も当然あるにちがいない。

そこで彼らは、昨年十月、ワシントンで十万人近くが公的医療保険制度への反対デモを行った。ほとんどが白人である。そこにあるのは、ただでさえリーマン・ショックなどで失業したり給料が下がったりして、不安定になっている自分の社会的地位が、さらに「引き摺《ず》り下ろされる」という中間層に特有の恐れだろう。

彼らを見て、私はここでもアメリカの危うさを感じた。これは、一つには、**ドイツにおけるヒトラー登場前夜に似た様相**とも重なる。構造的な階級対立のある白人社会において、「さらに引き下げられるかもしれない」と感じる中間層の恐怖心は、時と場所を問わず想像を絶するほど強いものがある。

いまだに市場原理主義を信仰するアメリカ

さらに、「リーマン・ショック」を経ても、アメリカ人の自由主義経済信奉、経済至上主義が、反省どころか少しも変わらないことに驚きを禁じえない。

近年のアメリカでは、レーガン政権以来、市場に政府は介入せず自然に任せるべきだという「市場原理主義」は深く根付いていた。「大きな政府」への嫌悪は、今やアメリカ人にとって理念的にも捨てることができないものになっていたのである。

これが、保険制度問題以上の大きな壁になってオバマのまえに立ちふさがった。しかも驚くべきことは、**ゴールドマンサックス、バンクオブアメリカ、シティグループなどの金融機関が、相変わらず莫大な利益を計上している**ことである。この黒字は、彼らの企業努力で出たものではなく、ほとんどすべて政府の経済対策によるものである。

つまり、莫大な不良債権をまったく処理することなく「黒字決算」と発表し、役員は高額報酬をほしいままに受け取っている。しかもそれに対する一般国民の反発が日本で考えるほど強くないのは、驚きというしかない。日本だったら、とてもこのような反発ではすまないだろう。一つには、昨年の七〜九月のGDP統計で、なんと三・五パーセントの成長率が発表され、それに惑わされてしまっているからだろう。

庶民もウォール街もそして政治家やメディアも、この数字を見て、景気は回復したと思っているかもしれない。深刻な**不良債権問題があることを忘れてしまった**かのようである。

あれほどの財政赤字を積み上げてむりやりやった景気対策は、たしかに効いているのである。しかし、今年から来年前半には息切れするだろう。にもかかわらず、彼らは、日本で十年かかった回復を、二、三年でやり遂げてみせると豪語する。「我々は、失われた十年にはさせない」と。

しかし政府が積み上げた膨大な赤字が、二、三年で半減させられるとはとても思えない。日本の経験から見ても、不良債権を放置している限り、多少回復したかと思われるころにもう一度、「二番底」といわれる危険な状況が来ると思われる。

アメリカの元財務次官補で有名なエコノミストであるロジャー・アルトマンに言わ

せれば、**二番底が来るか来ないかの境目は、二〇一一年から一二年ごろ**だという。

この警告はやはり、いまだに清算されない不良債権を頭にいれての発言だろう。そして、**二番底を回避するには、輸出で稼ぐ**、つまり「ものづくり」にアメリカはもう一度、回帰しようという提言もあるが、その成否の見通しがはっきりするのが二〇一一年から一二年だと彼は言うのである。

二〇一二年は、ちょうど大統領選挙の年である。アメリカで**大きな出来事が次々と起きるのは、大体、大統領選挙の前年**だ。たとえば、ブッシュは二〇〇三年にイラク戦争を始めた。彼の父親は、一九九二年の大統領選挙の前年、一九九一年に湾岸戦争を開始した。

だから、今回も、大きな山場を迎えるのは二〇一一年ということになる。オバマも何かを仕掛けてくるのかこないのか。それはわからないが、いずれにしても今年から来年にかけてアメリカと世界は、また微妙な季節を迎えることになるのである。

3

政権交代のワナ——人気取り政治

なぜ日本の若者は勉強しない、働かないのか

前章で「アメリカに危機が迫っている」と書いたが、これを「対岸の火事」と見ていていいものだろうか。ヒスパニックに席巻されつつあるアメリカとは違う意味で、日本にも衰亡の兆しは確かにある。しかも見方によると、もっと深刻な兆しである。

たとえば、国としての存立にとって重要な農業について見てみよう。日・米それぞれの農業を比較すれば、日本とアメリカという二つの国の「未来への保証」の確かさが、格段に違うことがわかる。日本農業に、今や、未来があるか、という問いかけは毎日のようにくり返される。とくに深刻なのは、「後継者は？」という決定的な問いだ。

衰退期に**大都市を離れ農業に救いを求めようとしたローマ人**と同じように、今日、日本の若者に「農業回帰の勧め」をする人がいる。しかし、都会生活に慣れた若者や失業者がそう簡単に農村文化になじみ、農業で生活できるものだろうか。ＮＨＫテレビの報道によれば、ほとんどの人が挫折するという。

それによると、**収穫期には長時間労働が当たり前の農作業**に、定時の労働をしてきた都会人は耐えられないという。

もちろん、農業法人を作って大農場経営をするという新たな農業を模索している経営者もいる。しかし、こうした経営者は、海外への売り込みも視野に入れていることが多い。したがって求められているのは、たとえばパソコン技術や語学力である。やはり、そうした仕事から脱落した彼らにやれる仕事は多くないのである。「後継者」という問題一つとってみても、日本の農業は、いまや壊滅の瀬戸際に立っている。

また、**文化というものは、経済に余裕がないと育たない**ものである。図書館で勉強するとか、高等教育を受けるとかという場合、その底部には雇用を吸収しうる活発な生産活動や治安という社会基盤が必要だ。しかし、今日の日本では、徐々にこの双方が劣化し始めている。そもそも、社会が流動的で、**勉強をすれば必ず報われる**という予想が立たなければ勉強をする人間はいなくなる。それゆえ、先行きの見えない今の日本では、ますます、「文化は破壊される」という悪循環に陥るのである。

日本社会も混乱しはじめ、とくに**地方にあるロースクール（法科大学院）の志願者が激減**したという。司法試験制度が変わって合格の予想が立たないから、ということもあるが、昔のように何回も挑戦する気持ちの余裕がなく、早急に結論を出したがることも理由の一つだろう。

また運よく合格しても、法律家としての仕事がなく収入は減っている。それを見れば、意欲も減退する。少しずつだが、全体の大学進学率も落ちてきた。

しかし、大部分の国民は、この現象をまだ楽観的に捉えているようだ。石油危機や**バブル崩壊を何とかしのいできた**体験からか、「また始まった」程度の感覚なのかもしれない。おそらく一時の流行《はや》り廃《すた》りと思っているのだろう。あるいは、もはや「危機シナリオ」を、〝狼少年〟の話のように受け取っているのだろうか。しかし誰も騒がなくなった時に、本当に狼が来たことを忘れてはならないだろう。

ところが、今起きていることは、このままでは間違いなく不可逆的な衰退の道をたどっていく、ということである。おそらく三年か五年で、景気など社会情勢が変われば持ち直す、という性質のものではない。つまり今、本当に「狼が来ている」のである。少なくとも、衰退期にはいれば、回復へのスパンは倍くらい長くなり、それに要する努力は、四倍のエネルギーを要すると言われてきた。

たしかに、景気は底を打って回復の兆しが多少見えてきたという人がいる。しかし、景気が回復しても、**雇用が戻らなければ、国民にとって景気回復は絵に描いた餅**であって何の意味も持たないのである。

だから、この先、大学進学率は減りつづけるだろう。卒業後の進路があてにできず、勉強をしても報われないと知った若者は、**働かなくても食べていける道**を考え始めた。一流大学であるはずの京都大学の学生の間でさえ、生活保護が話題になっているのである。私は、学生たちが、「生活保護の受け方」を話題にし、「就職浪人をしたときは……」などと大真面目に話しているのを聞いて、初めは愕然とした。

そういう意味で、行き過ぎた社会保障は財政を蝕み、科学技術の進歩の芽をつみ取り、文化を衰えさせ、国家の活力や文明を衰退させるだけでなく、それは、決定的に人々の精神や価値観さえ萎えさせてしまう。この意味で、党利党略のため消費税の増税を、「構造改革」を口実に、あるいは「行政のムダ排除」という選挙スローガンのために逃げ回ってきた政治の罪はきわめて重いのである。

人は本来勤勉にできていない。上昇志向や向上意欲が刺激されてはじめて熱心に勉強をし労働をするものなのである。だから、**派遣や介護職で得る収入が、生活保護費と大差がない**と知れば、生活保護に頼ろうとする人がますます増えるのは当然だ。つまり、このままでは日本人の税を負担する能力自体が、失われてしまうのである。そうなれば、消費税の引き上げさえ、焼け石に水となる。我々は、アメリカよりもはるかに深刻な、日本にさらなる衰退の危機がせまっていることを認識すべきなのではないだろうか。

今から十年ほどまえ、私は『なぜ国家は衰亡するのか』(一九九八年、PHP新書)という本を書いた。その中で、二十世紀初頭のイギリスで若者が覇気を失ったことや、いろいろな新興宗教が流行り、**グルメブームが起き、温泉での癒しがテーマになっている**ことなどの社会現象を挙げた。

しかし今、考えると、これらは、いわば「牧歌的」な衰退の話であったと言わなければならない。これらはすべて、衰退の予備現象であり、警報だったのである。たとえば、一九九〇年代半ばにオウム事件と併行して、金融機関が次々と破綻し、金融崩壊が始まっていた。また同じ頃、沖縄普天間基地では米兵の少女暴行事件で、沖縄の基地が大問題になった。これらは、未だに何一つ解決していない。しかも普天間問題にしても、決して民主党政権だけの責任ではないのである。

あのとき、自民党の加藤紘一氏は、「基地無用論」をぶち上げていた。日米安保の基本構造を否定するかのような、「基地なき安保」が持論とされる**今の民主党政権を彷彿とさせる能天気発言**をしたのである。

そして、この頃からグローバリゼーションに合わせた「経済構造改革の必要性」が、政府の報告文書に出はじめた。これらの現象をつなぐと、私は、あと十年もすれば、日本が潰れる回路が始まるという危機感にかられた。だからこそ、**衰退には基本パターンがあるのかどうか**の研究をはじめたのである。

それから十年余り、今思うのは、あのころは「まだまだ余力があったな」ということである。つまり、今日、事態は残念ながら私の予想した通りに、ますます深刻になっているのである。

小泉政権以来、ポピュリズムの潮流が止めどなく日本を揺さぶり、鳩山＝小沢政権で政治の劣化がますます覆い難い状況となった。今日の世界で、どこに一年ともたず首相が次々と代わる国があるだろうか。案の定、鳩山に次いで菅もという危うさである。政権交代しても、日本の政治が全く変わっていないことの証し、とされるだろう。ポピュリズムを生みだす大衆民主主義が、今や最悪の結果をもたらしている。

無邪気な有権者の独裁国家・日本

前章で、大衆民主主義の弊害について述べたが、ここでは、少しだけ各国の歴史を再び振り返ってそれを考えてみたい。その衰退の歴史が示唆するものをさらに検証したいからである。

たとえばイギリスである。イギリスではかつて金持ち階級と下層階級の差が今よりずっと大きかった。その是正は長い間タブーだったが、一九一一年、ドイツとの戦争が間近に迫ったとき、自由党政府はそのタブーに挑戦した。

時の大蔵大臣ロイド・ジョージは、土地貴族などの金持ちに課税しようとした。イギリスではそれまで、農村部では**人頭税といって一律に一人当たりいくらという税金を納める**ことになっていたから、累進課税という発想は皆無であり、富裕層にとってそれはきわめて不当なものに映った。

ロイド・ジョージは下層階級の出身だったから、しがらみもないアウトサイダーだった。彼は民心を煽りに煽って味方につけ、このタブーを突き破った。ところが、その代償は大きかった。この麻薬のような情緒的なポピュリズムに侵されていったイギリスは、深刻な政治の不安定化を招き、結局は大英帝国という地位を失った。

時代は遡るが、世界帝国を誇ったスペインの場合は、**カトリック教会と一体化した大貴族**がたくさんいて国王は彼らに手が出せなかった。土地課税ができないから財政難に陥り、重課税された一般の農民は疲弊して都市に流れ込んでくる。

農地は荒れ、結局、税金のかからない貴族の土地でしか農産物は作られなくなった。したがって食料は値上がりするばかりという悪循環に陥った。これは、日本でたとえると、「大化の改新」でできあがった律令制度が、その後崩壊して荘園ができ、財政面から古代国家が崩壊していく過程と同じである。

そして今の日本である。社会保障給付で財源が枯渇し税収が激減してゆく「魔のサイクル」に陥った財政や政治がポピュリズム化して、全ての行政が停滞の一途を辿り、国家機能が大幅に弱体化してゆく。すでに財政のカットで、競争力の根源が随所で大きく損《そこな》われ始めている。たとえば全国の**大学で先端研究をする実験設備まで止められてしまう**という、予想もしないことが起きている。

その直接の原因は、票目当てでしかリーダーシップを発揮しえない、大衆民主主義という「政治の失敗」である。とくに**消費税という「政治的なタブー」がある**からである。消費税率を十パーセントにすれば、あちらを削り、こちらを廃止するなどという姑息な手段をとらなくても、これ以上借金を増やさずに、予算をまかなえるだけの財源ができる。

ところが、それを首相が一時口にしただけで、民主党は政権を危うくした。自民党が政権を失った一因に、麻生元首相が消費税の必要性に言及したことがあるとも考えられている。

鳩山、菅両氏とも、野党時代、まだ小沢一郎氏が民主党に合流しないころ、消費税の必要性を唱え、公約に記載したことがあった。それもその時は、政権を取る可能性が全くなかったからこそである。

一方、自民党は、財務省にいくらせっつかれても消費税値上げは公約にしなかった。いかに、税がタブーであるか、いかに政治がポピュリズムに毒されているかがこれ一つでわかるというものだ。

消費税に触れないことは、政権を持つものにとって、竹下政権からの長い教訓である。そういう意味で、**日本国家の支配者は、「有権者」という名の大衆消費者であり、彼らがこの国の独裁者**なのである。しかし、彼らは決して、そう望んでいるわけではない。ひとえに小泉純一郎以来の政治家の保身願望が、彼らを「独裁者」に祀《まつ》り上げているのである。

郵政選挙に大勝したあとの小泉氏には消費税や集団的自衛権など、多くの国家的懸案を解決しておくチャンスがあった。しかし彼は、根っからのポピュリストとして、その全てを放り出し一人よがりの「花道」に逃避してしまった。これほど、平成日本の無責任な政治を極限まで示した例はなかった。

小泉以前の日本政治には、良し悪しは別にして、派閥や族議員など、組織的に指導者がいて、指導者の指示に従うという、いわば「組織民主主義」だった。ところが、小泉以後の日本政治は、政治家は皆ばらばらになって、国民は国家意識を持たない個々の消費者でしかなくなった。

いつごろからそれが始まったのか。そもそもの源は、やはり**高度成長期、人々が地域社会から切り離されて、都会へ出てきた**ころだろう。それが、高度成長の終焉と共に、急速に「根なし草」化していったのである。そこに、「無党派ポピュリズム」の根っこがあった。

私の印象では、こういう現象がはっきり見えはじめたのは一九八〇年前後、ここが分水嶺だったと思う。やはり、それは経済のバブル現象と手を携えてやってきたのである。すなわち、一九八六年の「衆参同日選挙」である。これは、**中曽根政権が圧勝した選挙**だった。

無駄をはぶけば何とかなるのか

私が日本政治の劣化が始まる分水嶺と言った一九八六年の「衆参同日選挙」は、二〇〇五年の小泉政権下で行われた郵政選挙と同じパターンで、自民党が仮そめの大勝利をした例である。それは実に単純な「仕掛け」だった。

両者に共通しているのは、予想外の言動で人を惹《ひ》き付けたことである。中曽根康弘は、「衆参同日」というだけで人々をびっくりさせたし、小泉純一郎は、「自民党をぶっ壊す」と言い、突然の「郵政解散」に打って出て人々を驚かせた。どちらも、「格好いい指導者」を自ら演出し、**大衆受けを狙い、国民は見事に引っかけられた**わけである。しかも大勝利を博したあと何ら重要な政策に手をつけず、ともに無責任な「花道」や「大御所」の余生というエゴイズムに走ったことも共通している。

日本人は、そもそも「トリック」に弱い民族だから、〝予想外〟というだけで引っかかりやすいところがある。大衆民主主義状況には一番、危うい国民性だといえる。

そして、もうひとつ言えることは、**社会の一体性が壊れているときは、むしろ演出が上手な保守が勝つ**ということである。組織の指示に従わなくなった個人が自分の好みで投票しようとする時代には、人々は必ず鬱憤を溜め込み、急に流動化する時代であり、そういう時は古来、先進民主主義国の例を見ると、大抵、保守が勝つのである。

しかし、私に言わせれば、こうして政権を獲得した保守政治は健全ではない。本来はもともと保守基盤を持っていて、保守的なたとえば農協の組織に属する農民票が、お米の値段を上げてくれたというささやかな幸せを得て、**保守に投票するというのが健全**なあり方だと私は思う。

なぜならば、このような場合は、振り子を大きく振るような激変は起きないからである。利権といえば利権にはちがいない。しかし、善し悪しは別にして、利権政治のほうが政治の安定を確保しやすいのである。

しかし前述した通り、そうした農村の秩序は、すでに崩壊しつつあった。そうであれば、農業票には新しい組織基盤が求められていたのである。しかし、自民党はそれを怠り、今回民主党は「農村バラマキ」で漁夫の利を得たのである。

政治は根本的に「安定」がもっとも重要視されなければならない。政治は経済の邪魔をしないこと、まず何よりも国の安全や国内の治安をしっかり守って、個人がフルに能力を発揮できるような安定社会を作ること、それが政治の第一の役割である。それがあってこそ、国民は安心して仲良く「酒盛り」ができるのである。

それが通用しない今の時代、やはり大きな時代の境目を迎えているといえよう。境目には、できあがった構造は崩れる運命にある。政治は不安定になり、小沢政治に見られるような**食うか食われるかの権力闘争**がはじまる。

だから、自党の未来を自分個人の野心のためにかけてはいけないのだが、大衆化を辿る政治では、野心的な政治家はそれをやるようになる。それが中曽根政治であり、小泉政治だった。そして、先般の小沢＝鳩山政権もその例外ではあるまい。

そして菅新政権も、おそらく一～二年で**財政をぼろぼろにし、民主党は政権を追われる**だろう。そのとき、日本全体がどのくらいぼろぼろになっているのか。財政だけではなく、北朝鮮や中国との外交問題で日本の存立が危ぶまれる状況は一層進んでおり、しかもアメリカとの同盟関係もおかしくなっているかもしれない。

いずれにしても、「仕掛け人」が大衆を操り跋扈する時代はしばらくつづく。五年前は、小泉純一郎が仕掛け、政権交代は小沢一郎が仕掛けた。次は、どんな「ワル」

が仕掛けてくるのだろうか。こうした政治を、私は本当に不健全で危ういと思う。

つまり、**大衆民主主義というポピュリズム化した社会が、ある企みを持った人間に搦《から》め捕られていく**のである。かつてのフランスでいえば、第一次世界大戦後の戦間期、大恐慌が起こってきたころがまさにそうだった。「マニピュラシオンの時代」といって、くり返し世論を操作する政治家が出現して、メディアが簡単にそれに乗ってしまい、その結果を「至高の民意」と称したのだ。そうして結局、フランス経済は大幅に衰弱し、少子化が進み、ついにヒトラー・ドイツの軍隊によってフランス全土が占領され国家を滅ぼしたのである。

うかつに民意を至上のもの、としてしまうのはそれほど危ういことなのだ。「民意もつねに正しいとは限らない」、この一言が言えるかどうか、そこに大衆民主主義の時代の国家の命運がかかっているのである。

そもそも、日本の政治、国民生活、国際関係などすべてにおいて、**消費税なしに成りたつはずがない**ことは自明の理である。それにもかかわらず、専門知識のない国民は、「無駄をはぶけば何とかなる」という政治家やマスコミの宣伝を信じてしまう。これは、大衆を騙す「デマゴギー」以外の何物でもないのである。

丁寧で誠実で紳士的な政治家ほど怪しい

たしかに国民は消費税アレルギーである。テレビの討論会を見れば、**霞ヶ関の「居酒屋タクシー」や天下りなどが槍玉にあがる**から、そちらに注目して「無駄だ。けしからん」と大合唱だ。

もちろん、それがいいとは言わない。言わないが、それを整理したところで、五兆も六兆ものお金が出てくるものだろうか。まして、十八兆円もの「ムダ削減」で一大財源が確保できるはずはない。そんなことは絶対にあり得ないのである。この子供でもわかることに、大勢の大人がなぜ、あれほど簡単に引っかかったのだろう。

現に科学者や教育現場にいる人々の批判を受けながらやった「事業仕分け」で、浮いた予算は予想されたよりもはるかに低いものだった。見直しで復活したものがあるから、結局「ほとんど削減できなかった」と言っても過言ではない。もちろん、そんな見えすいたウソを「票目当て」だけで叫んだ政治家が一番悪いに決まっている。

しかし、こんなどんぶり勘定でいい加減に出した数字でも、テレビという媒体で、「識者」と言われる人があれこれ言えば、大衆はそれを信じて民意はそちらに傾くものである。その結果、無駄が省かれるのだから、増税もしないで、子ども手当はもらえる、託児所もできるとなれば、民主党候補に投票してしまうのだろう。これは、まさにマスコミも一体となった壮大な「騙しのテクニック」であった。

したがって、**政治家とマスコミ、これがいつの時代も民主主義にとって最も罪深いウソをつく**人々なのである。しかし、そんなことはわかり切ったことではなかったか。「票」と権力ポストのためには何でもする政治家、視聴率のためには国を売るようなことを日々くり返して平気のマスコミ。これが、もう何十年も、この国の「常識」ではなかったのか。少し目をこすって見ていれば、そんなことは十二歳の子供でも知っていることだろう。「政治」に何回欺かれても教訓を身につけようとはしない現代日本の大衆こそ、もっとも深刻な問題と言うべきではないだろうか。

そういう意味で、一番悪いのはいわゆる「民意」なのである。「失敗した民主主義」の過去をもつどこの国の歴史を見ても、**自国の歴史に重大な責任を感じるべき「A級戦犯」は大衆国民**なのである。しかし、そうした国では多くの歴史家は、間違った戦争を検証するとき、大衆に迎合してその責任者を大統領にしたり軍部にしたりして、そこでおしまいにする。

民主主義社会において、**国民大衆という最大多数を最大悪人として糾弾する**ことはできない。カトリックの坊さんが、「教会が一番悪い」と言うようなものだから。

つまり、これが、私たちが生きている民主主義社会の最大の弱点であり、最大のタブーになっているのである。おそらく、『裸の王様』のたとえが最も適切だろう。悪いのは誰かを明らかにできるのは、「王様は裸だ」と言った子どもだけだ。大人、つまり保身を第一に考える人が言うと、どんなしっぺ返しがくるかわからないから、この民主主義の真実は永遠に伏せられてきたのである。

とはいえ、今の日本の政治の、この余りにもひどい現実を前にして誰もそのことを指摘しなければ、この国は必ず滅びてしまう。だから、私はあえて言わねばならないと思うのである。以前の教訓を簡単に忘れ、**マスコミに踊らされ、テレビを見て簡単に判断**し、自分は「賢い有権者」であると信じて、それを自分の考えと勘違いし投票所で「騙されているのも知らず」に投票する日本人が一番悪いのである。彼らに「悪意がない」だけに一層始末が悪い、と。

そして、一部の政治家やマスコミのように、騙してやろう、とか国をあえて混乱させよう、とかという意識がなく、「素朴な善意」だからこそ、一番責任が重いのである。言うまでもないことだが、何も難しい知識など必要としていない。人生をものの二十年も生きてきた人なら、普通はちょっと深く考えて、別の可能性も少しでも思い浮かべれば、他の選択は十分思い浮かんだはずだ。

太平洋戦争のときにしても、**大政翼賛会や陸軍の言いなりになるような内閣に投票しない**という選択もできたはずだ。人々は、言われているよりもずっと自由に投票できたのである。もっと言えば、**日本人の大部分があの戦争に賛成だった**からこそ、戦争は起きた。

当時の人々が書いたものを読んでも、インテリ知識人は勝てるはずがないと言っているのに、集団になると、当の本人を含め人々の雰囲気は、「行け！行け！　やれ！やれ！」の超積極姿勢になってしまったことがわかる。

現代でいえば、昨年、政権交代直後の「八ッ場ダム」をめぐるあのムードと同じで、テレビを見た庶民たちは、あれを「やめろ！　やめろ！」と、「無駄な公共事業の代表」としていた。しかし、参院選が近づき小沢一郎前幹事長が道路は造り続けよ、と言えば、マスコミも有権者も誰も異議を唱えていない。これは一体、どうなっているのか。「熱しやすく冷めやすい」と言うだけで済まされる話ではない。

そして、恐ろしいことに、この騙しの精神は、八ッ場ダムにかぎらず、あらゆる側面で顔を出している。十九世紀イギリスの保守政治家ソールズベリーは、「政治家で言葉の丁寧な人ほど警戒せよ」と言ったが、まさにそれに当てはまる政治家がいるではないか。

ソールズベリーが言うように、大衆民主主義においては、**丁寧な言葉遣いで演説をして国民に媚《こ》び、誠実そうな言葉を使い、紳士的に振る舞う政治家がもっとも怪しい**のである。これは、有権者にとって必須の基礎知識である。

少なくとも、「今度はもうだまされないぞ」、この気持ちだけをしっかり持っていれば、それで十分なのである。そうすれば、必ず、いろいろなものが見えてくる。

日本の歴史を顧みても、もっとも恐ろしい大衆心理の病は、こと政治に関する限り、一旦、マスコミに煽られると、一時の感情に我を忘れ、ときには深層心理の中に「(マスコミに)だまされたい」とさえ感じる部分があり、それがいかに恐ろしい結果を招くか、このことを未だに体得しえていないことである。

消費税導入の歴史は自民党惨敗の歴史に重なる

現在私たちは、五パーセントの消費税を負担している。五パーセントとはいえ、実現したのはなぜなのだろうか。それは、消費税導入に挑んだ政治家が過去にいたからである。

まず、大平正芳である。大平正芳は、当時「売上税」と呼んだ**消費税導入が不可欠と判断してそれを敢然と掲げ、そのために総選挙で惨敗**した。自民党は当時はたくさんの議席を持っていたから、政権は失わなかったものの、力は減退し、野党・新自由クラブとの連立を余儀なくされた。

しかし大平は正しいことを訴えて「負けた責任」を追及され、総理の座を失いそうになった。〝大平降ろし〟が嵐のように起こったのである。昭和五十五年の大平の急死は、これが一因となったのかもしれない。消費税導入が決定的にタブー視されるようになったのは、このときからである。

次が竹下登である。彼は、リクルートからの多額の献金が問題になって厳しい追及を受けた。リクルートの江副浩正社長が審問を受けたことで、自らも首相の座を維持できないと考えた竹下は、「座して死を待つ」よりはと、あえて消費税（三パーセント）導入に踏み切ったとされる。

しかし、平成元年のこのとき、自民党は参議院における議席数を大幅に減らし、それ以来過半数を確保したことがないのである。

その後、税率を五パーセントに上げたのは橋本龍太郎である。このときも、翌年平成十年（一九九八年）の参議院選挙で大きく負けてしまった。

というわけで、**消費税導入の歴史は、自民党惨敗の歴史**でもある。消費税導入には、それだけの勇気と覚悟が必要なのである。この歴史を眺めてきた政権党が、その後、消費税を導入する法案を提出することができなくなったのも当然だ。そして、日本の財政は破綻した。一体、誰が悪いのか。それを今、我々はじっくり考える必要があろう。単に消費税にとどまらず、日本の政治が、なぜこれほど崩れ続け、どうしようもない状態をくり返すのか、その理由を考える上で、きわめて重要な示唆を与えてくれるからだ。

そもそも、消費税によって国民が受ける恩恵はきわめて大きいのである。潤沢な財政資金が確保できれば、広い分野に資金を提供できる。それは衰退を続ける日本の将来への投資にもなり、競争力の基礎になるはずのものなのである。

あの「必殺仕分け人」たちは、**公開の場でバサバサと予算を削ったが、その仕分けの仕方はかなり乱暴**で不満が渦巻いている。

だからいずれ、公平を期するために一律カットが始まるだろう。そうなるとどうなるか。今度は、国の将来を確保する上で絶対に削ってはならない大事なものが削られる。現場の士気も後退し、その活力を削ぎ、結局は日本の衰亡が止まらなくなるはずだ。

もっとも、国による「ケチケチ作戦」が効果をあげたことも過去にはあった。明治時代である。あの**貧しかった日本が、ロシアという大国を相手に戦おう**というのだから大変だった。大海軍を作り、鉄道を敷き、殖産興業を活発にするなど、早急にしなければならなかったことが山積みだったのである。

明治政府は、荒療治でこの莫大な資金を引き出した。しかし、それ以前にも、かつての侍の受け取っていた俸禄は廃藩置県と地租改正（秩禄処分）によりほとんどゼロになり、加えてかつてない「酷税」により、地方の豪農や素封家などの地域産業の担い手たちはほとんど討ち死に状態、まさに革命が起きたのである。

しかし明治政府は、こうした荒療治を短期間で思い切って実行し、何十年かおきにそれを繰り返すという一気呵成《かせい》の緊縮政策で乗り切った。たとえば、すでに世の中ができ上がっていた明治三十年代でも、ときの桂太郎内閣は、思い切った一大緊縮政策を断行した。

これらが成功したのは、今述べたようにつねにごく短期間でそれを押し通し成し遂げたからである。財政再建の歴史を見ればわかることだが、**一瞬のショック療法が一番効果的で、結局、一番「痛み」は小さい**のである。また、それにより一瞬で財政再建ができるから、いっぺんに雲が晴れたような気分になれる。

つまり、経済というのは、結局のところ「景気」という言葉が示すように「気分」の問題なのである。だから、政治家は「国民の精神をいかに高めるか」をまず第一に考えなければ、財政再建は成功しないのである。

黒船来航で民意はようやく動く

日本は現在、ＧＤＰを大きく上回る国債を抱えている。一般の**家庭や企業であれば、とっくに破産宣告をしなければならない**事態を迎えているのである。ということは、長期間にわたって財政再建ができていないということになる。

前項で述べたように、もう何十年もの間、国民の間にドンヨリとした沈滞ムードが漂っているのは、「短期での財政再建」に、政治家がつねに尻ごみしてきたからである。頭のうえには雲がかかりっぱなしで晴れるときがないのだから、誰でも憂鬱《ゆううつ》になる。今の若い世代の日本人が世界に例のない無気力と沈滞に陥っているのも、大半、そのせいだろう。

それでは、日本の財政状況はいつごろからおかしくなったのだろう。日本が最初に赤字国債を出したのは一九六五年、東京オリンピックの翌年のことだったが、これは二年で終わり、再び黒字財政に戻っている。

恒常的に赤字国債を出すようになったのは、一九七八年、福田赳夫内閣のときだった。オイルショックで経済が落ち込み、税収が減ったのである。とはいえ、当時、何年かに一度はバブルになるほど景気がよく、「ジャパン・アズ・ナンバーワン」などと言われていた。それなのになぜ、赤字国債を出し続けたのだろうか。

おそらく、**福田内閣につづく内閣がみな、自分の代で大きな経済成長の流れが下降するのを恐れた**からであろう。総理としての自分の任期を長くしたければ、つねに景気は上向きにしておかなければならない。要するに「人気取り」だったのである。

しかし、じつをいえば、赤字国債など出している場合ではなかった。すでに、八〇年代初めには、将来の少子高齢化の見通しがはっきりと出ていたからである。だから、このとき思いきって財政再建に踏み切るべきだった。

ところが、だれもが、この予測に目をつぶり、蓋《ふた》をしてしまったのである。そのツケが、不運なことに、平成不況の始まったあとにまわってきたというべきだろう。今の日本に、大平正芳のような気骨ある政治家の登場は、残念ながら到底、期待できない。

期待するとしたら、マスメディアの力である。かつて昭和の高度成長華やかな時代には、マスコミがどのような論調をとろうとも、選挙の結果にはほとんど影響を与えることはなかった。また、おそらくそれゆえに安定した経済成長が続いたのであろう。

しかし「貧すれば鈍する」と言うべきか、マスコミの影響力の向上と共に、日本の衰退が加速してきた。マスメディアの力は恐ろしいものがある。近年、国民の**投票行動の行方は圧倒的にテレビで決まる。そのテレビに間接的に影響を与えるのが新聞**だ。

テレビで解説が始まっても、大新聞の論調や局の意向に沿ったことを言う識者しか出てこない。たとえば、「竹中構造改革」の時代には「竹中理論」しか語らない識者が毎日のように出演したし、一転して今は「反竹中評論家」ばかりである。半年もたたないのに、もう民主党ではダメだというコメントも噴出した。

だからこそ、決して皮肉ではなく、私は、マスコミに期待したい。テレビや新聞が現実に目を向けて、こぞって消費税の必要性を主張すれば、一瞬のうちに国民は変わるはずだ。

「消費税をやりません」という政治家は無責任だ、という風潮ができればしめたものである。皆がそういうスタンスになってきたとき、**自民党も民主党も消費税をやる、**

と言えばいいではないか。そうすれば争点がなくなる。そうでもしないかぎり、現在の日本の政党や政治家たちは金輪際、口が裂けても「消費税の引き上げ」を明言できないからである。つまり、日本には政治屋はいるが、政治家は全く一人もいないからである。

どちらに投票しても、消費税が上がるのであれば、国民は冷静に、どちらが国益にかなった政策を打ち出しているかを判断するだろう。

最近の新聞報道によれば、消費税を肯定する意見がようやく過半数を占めたそうだ。「仕分け人」による予算ぶった斬りの有様やノーベル賞級の科学者の抗議が報道され、国民はようやく、事の重大性に気づいたのかもしれない。

そういう意味でいえば、「民意は過つ」というよりは、「民意は気づきが遅い」と言うほうが正しいのかもしれない。しかし民意はつねに気まぐれだ。もし、選挙を前にしてマスコミが一斉に「増税はけしからん」とやれば、すぐに国民は消費税反対へと雪崩《なだ》れるかもしれない。

政治の世界は権力闘争だから、必ず「抜け駆け」をする者が出てくる。この民主主義が抱えるジレンマを直視しつつも、あえて民意をリードするマスコミや政治家の出現を期待したいものである。しかし、これは今の日本ではやはり「高望み」なのだろう。おそらく大規模な破局が誰の目にもはっきりするまでは、その可能性はないだろう。たとえば、幕末の「黒船来航」のように。

幕末から明治にかけて、日本はあれほどの志士を輩出した。志士たちは、お互いに意見を交わし、政治を動かす世論を作っていった。しかし、それも、この国が歴史的な上昇気流に乗っていた時代であったればこそ、その活力があったのだろう。はたして、今の日本に、それだけの活力があるだろうか。

4

オバマは期待はずれなのか

アメリカが一つになるには「ゴールドラッシュ」が必要

「アメリカが衰亡に向かう危機」と言ってきたが、歴史を振り返ってみれば、アメリカ合衆国は過去、何度か似たような「危機」を通過してきている。

たとえば、泥沼化したベトナム戦争に結局は敗退して、経済も悪化した時代があった。このときは、軍事費の増大と各国からの非難という二重苦に悩んだ。

また、昭和初期には、世界大恐慌の震源地になった。ルーズベルトのニューディール政策がなければ、アメリカは一つにまとまることができなかったかもしれない。

そして、さらにさかのぼれば、南北戦争という、アメリカの存在さえも揺るがす大きな戦いがあった。これは、ことごとく利害が対立する南と北が、あらたに獲得した州をめぐっての奪い合いだった。リンカーンは奴隷解放宣言をしたが、それは**南部の奴隷たちを北部の工業化社会の労働力にするため**という、北部の利益も背景にあった。

そのあおりを受けたのが、東アジア諸国である。たとえば、ペリーが日本に通商を求めてやってきたのは、この南北戦争勃発の八年前、嘉永六年（一八五三）のことだった。

その背景にあったのは、南北戦争が不可避になるのではないか、アメリカ国家が分裂するのではないかという不安と戸惑いで、一八四〇年代から徐々に高まっていたのである。

ペリーを送り出したフィルモア政権と議会は、外に打って出ることでこうした不安と戸惑いを一掃し、アメリカを一つにまとめるための新しいビジョンを示そうとした。いわば、切羽詰まった国内事情が、アメリカ政治にもアメリカ国民にもあり、かの国は方向感覚を失っていたのである。

もちろん、純粋に奴隷制度を悪とする思想もあった。一八五二年に発表された、ストー夫人の小説『アンクル・トムの小屋』は、善良な黒人奴隷トムの生涯を描いて、奴隷制度を告発したものであり、「南北戦争の遠因になった本」ともいわれたが、じつは、当時、これはまさに、南北を分断する〝危険思想〟だったのである。

リンカーンとて、それから百六十年後の今日、**黒人大統領が誕生するなど夢にも考えていなかった**にちがいない。しかし何よりも南北戦争は、「州《ステート》の独立」というアメリカの国体の根本を改変するための革命でもあった。八十年前の「独立宣言」以来、アメリカという国は「各州から成り立つ国際社会」でもあった。これを今日見るような、高度な一体性をもつ連邦国家に変えたのが南北戦争であった。

しかし奴隷制度が問題となり始めると、逆の方向性を模索する動きも強まった。アメリカの独立の意味を、もう一度、各州の独立と主権確保という原点に遡って考えようというのである。この国が西部開拓をしていったその先にあるのは、それぞれの州の一層の独立であり、「建国の理想」は各州が一層、独立を確かなものにする、という点にあった、という考え方である。

マサチューセッツ国、バージニア国と、**各州が一つずつの国家になれば問題は起きない、むりやり一つにしたことが間違いである**と彼らは主張した。ところが、一八四八年突如として、カリフォルニアでの「壮大な金脈発見」というニュースに全米が沸き立つ。ゴールドラッシュの到来であった。

そして、そこに現れたのがペリーだった。彼は、アメリカの国策を一人で背負っていると自認する特殊なパーソナリティの持ち主だった。彼は、努力し、奮闘し、政権と議会を説得して予算を獲得、そして「日本遠征計画」を立てた。

ペリー艦隊はバージニアの港を出て大西洋を通り、喜望峰を回り、インド洋を横切って、南シナ海からはるばると日本へ来た。ペリーは、この遠征を「アメリカを一つにする唯一の方法」と思っていたに違いない。アメリカが、北米大陸の外へと発展してゆくことで、他国との対抗の中、どうしても一つにまとまらざるを得なくなることをペリーたちは狙っていたのだ。日本来航の目的が「日本の港で捕鯨船の便宜を得るため」というのは、議会に予算を認めさせる方便に過ぎなかった。つまり「捕鯨」は単なる口実だったのである（渡辺惣樹『日本開国――アメリカがペリー艦隊を派遣した本当の理由』草思社、二〇〇九年参照）。

この「金鉱」発見によって、実はアメリカは「一つになる大きなテコ」を得たのである。それによって、端的に言えば州がそれぞれ一国家になるという思想は吹き飛んだ。カリフォルニア州が一つの国家だったら、他州は金を採りにいけないからだ。

金鉱発見により、アメリカは、ペリーの出航と同時に、もう一つの「一つになる道」を見出した。

こうして時代の趨勢《すうせい》がはっきりした時点で起こった南北戦争は、

より強固な連邦制

を選択したアメリカが、有無を言わせず各州を一つにまとめるための戦争だったのである。そして今、またもや分裂と衰退の危機に遭遇し始めたオバマのアメリカは、再び「ゴールドラッシュ・現代の金鉱」を求めているのである。「金鉱《ゴールド》」あるいは新たな「黄金境《エル・ドラド》」が発見されれば、つねにアメリカは一つになれるからである。

カネが儲かり、要領のいい政治をしたクリントン

ブッシュ前大統領の父親であるブッシュ・シニアは、湾岸戦争のとき、国連決議をうまく利用し五十万人の「多国籍軍」による「砂漠の嵐」作戦により、屈辱的な停戦条件をサダム・フセインに呑《の》ませるとさっさと引き揚げた。たしかにサダム・フセインを生き残らせて息子ブッシュに「宿題」を残したとはいえ、現実主義者らしい対処の仕方だったといえる。

そもそも彼は、**理想とか原理原則とかに拘泥するのはばかばかしいと感じるタイプのアメリカ人**だった。アメリカのエリートに多い一つのタイプだ。しかし一般のアメリカ人はこれを嫌った。湾岸戦争で一応の勝利を収め、大統領に再選されてもよかったのに、こうした彼の人格を嫌った国民は、決して再び大統領に選ばなかったのである。

そういう意味で、アメリカ人の好みにもっとも合っているのはクリントンだろう。

気楽に**お金を儲けて、民主化も進め仲良く暮らしましょう**、という彼の持つ無責任だが一種の明るさは、現代のアメリカ人の気質に合う。

だからこそ、人気も出たのだろう。第二次世界大戦後に生まれたアメリカ人は、実は今も第二第三のクリントンを求めている。オバマは、多くのアメリカ人にとって実は「やむを得ぬ代替」だったのである。無意識的であるにしろ、本音はそこにあった。

しかし、ここで私があえて言いたいことは、「クリントン流」を楽しんだあの時代からいかに脱却できるかに、アメリカの将来がかかっているということである。私は、クリントンを全否定し、クリントン時代は間違っていた、という総括ができるなら、アメリカは本当に立ち上がることができるかもしれないとさえ思っている。

しかし、ブッシュ父子の間違いに気づいたアメリカも、残念ながらクリントンの間違いに気づいていない。

それでは、クリントン時代のどこが間違っていたのだろうか。それは、ブッシュの父親に似たシニカルな無思想の本質を隠したまま、**世界に対し「民主主義」を唱えた傲慢さと、決してリスクを取ろうとしなかった無責任さ**である。それでいて、あの頃のアメリカは確かに繁栄を取り戻していた。そのため九〇年代のアメリカでは、道徳などせせら笑う雰囲気が一部に広がっていた。それは日本にも波及し、**真面目に働く人間や要領のわるい人間はバカよばわり**された。「ホリエモン」が英雄視された、あの時代である。

このような風潮から出てきたのが「ファンドマネー・カルチャー」である。それにより、世界はマネー戦争に突入した。アメリカでは急速に製造業が衰退していった。

アメリカの現在の製造業に関する急激な落ち込みを見ると、私は、「あの頃ならば間に合ったのに」といつも思う。ビッグスリーも、いまよりははるかに健全だった。ところが「額に汗して働くやつはバカだ」という風潮が、いっときアメリカを覆った。それがクリントンの時代に始まったのである。

一九九二年、クリントンが、再選確実といわれ支持率も八十パーセントだった父ブッシュに挑んだときのキーワードをご存じだろうか。それは「It's the economy, stupid!」(経済こそが問題なのだ、愚か者め!)である。

もちろん「愚か者」は、現職の大統領だった父ブッシュを指す。たしかにブッシュは、経済がやや落ち込んでいることで支持率が下がり始めていた。クリントンのこのスローガンで、またたくまに形勢は逆転したと言われる。

そこにアメリカの間違いがあったと私は思う。クリントンのスローガンに酔った国民は、彼が時にレトリックとして、「建国の精神」を謳うことがあっても決して耳を傾けることはせず、すべてを金儲けに結び付けていった。

クリントンならば、**金も儲けやすい、バカな戦争もせず、要領のいい賢い政治**をやってくれるだろうと期待した。そしてこの感覚が、「リーマン・ショック」へとつながったのである。

クリントンの八年間で、落ち込み始めた経済も立ち直ったかに見えた。冷戦は終わり、アメリカは、ロシアや中国などの国々に入りこみ、投資ファンドを作っていったのである。

ノーベル賞までとった金融工学の破綻

日本に、ウォール街の銀行や証券会社が大挙して進出してきたのもこのころである。郵政民営化路線も金融ビッグバンも、アメリカは日本国内の「国際化」や「改革」のムードの高まり、という弱みをついて巧妙に受け入れさせていった。日本の金融機関がカタカナに変わっていったのも、このころである。

日本のメディアでは、息子ブッシュ時代の「新自由主義」から、こうした**市場経済万能のような考え方**ができたといわれるが、じつは、できたのはクリントン時代だったのである。

また、クリントンが不誠実な大統領であることを露呈したのは、その公約違反である。選挙に勝つために、低所得者層にいろいろな約束をしながら、彼は裏切った。社会福祉も失業対策も医療問題も、父ブッシュの時代からほとんど一歩も出ることがなかった。

彼のはっきりした功績は、単年度の財政赤字を黒字にしたことだろう。しかしこれも、アメリカ経済を金融に特化させた結果である。

イラク戦争の失敗もあって、すべてが「ブッシュの失敗」といわれている。しかし、私が思うに、**ブッシュの失敗はテロとの戦争――とりわけイラクの戦後統治――に敗北したことだけ**である。サブプライムローンから発した世界恐慌は、クリントンの時代から持ち越している問題だったのである。

そして二〇〇〇年の「ITバブル」の破裂に際して、「ITがだめならサブプライムに行こう」と、ウォール街が勝手に走ったのであって、――たしかにグリーンスパンのFRB（連邦準備制度理事会）の責任は大きいが――、それもいわばITと共に進んだマネーゲームの住宅版だったのである。

そして、そもそものITバブルは、クリントン政権の副大統領アルバート・ゴアが煽りに煽った結果である。彼らは、当時、一部の無責任なエコノミストが唱えた「ニューエコノミー」論により、製造業はいらなくなる、情報でのやりとりが〝第三の産業革命〟だとした。

インターネット中心に経済運営をすれば、過剰生産もなく恐慌も起きない、バブルも起きない、すべては市場の機能にゆだねればいいとした。

その結果はどうだったのか。ご存知のような体たらくである。そしてこれもすべて、クリントン時代のつけなのである。

クリントンの罪はまだある。それは人間の脳みそまでバブルで膨らませたことである。「デリバティブ」に破綻はありえない、と豪語するエコノミストたちは、さきほどの「ニューエコノミー」論のように脳みそをバブル化させ、議論をはやし立てた。

アメリカ人は、冷戦に続いて経済戦争でも「自分たちは勝った」と錯覚した。日本やドイツを、「一生懸命いいものを作って安く売りに来る」と馬鹿にした。そして中国の超安価なものに日独の製品が駆逐されるのを歓迎し、額に汗して働く「ちっぽけな製造業」を、吹けば飛ぶものと軽くあしらった。

八〇年代のシカゴ大学の経済学部を中心に唱えられた金融工学は、こうして広まっていった。元祖フリードマンの数値思考にはそれなりの合理性があったが、次第に過剰で野放図な議論に発展していったのである。

彼らは、学閥を作って、ノーベル経済学賞受賞者を出した。ノーベル賞という権威を与えられたために、彼らを批判する動きはなくなってしまった。

しかし、私は彼らの中に、「理屈と現実は違う」という頭はなかったのかと思うことがある。理論にはいろいろあって、現実に対応するときは、「按配《あんばい》をする必要がある」ことに気づいていたのではないかと思うのである。

あるいは、これが理論的に正しいといえば、それを鵜呑みにして、リストラをどんどん進めてしまう事態になるかもしれないという想像力が働いたはずだと思う。自分の出した結論を、悪賢い人間が「悪用するかもしれない」とは考えなかったのか。

しかし、彼らは、そうした可能性を口外しなかった。そういう意味で、私はごく一部を除いて、一斉に尻馬に乗ったエコノミストたちのヒューマニティ（人間性）そのものを問題にすべきだと思っているのである。

つまり、私には、彼らが真面目に、「市場原理の勝利」を信じていたとは思えないのである。ただ、尻馬に乗って言っておけば得をするだろうと考えたのではないだろうか。日本のエコノミストたちも、この傾向がとても強かった。

金融工学の「数値のみ」で、人間の営みを語れるはずがない。そして「破綻のない経済」などありえないのである。これらすべての、良心への鈍感さのようなものも、クリントン時代に培われたものと言っても過言ではない。

ケネディはオバマよりも危険視された

オバマは、黒人であるという特異性が目立った。それに対して、ケネディはアメリカそのものを体現しているかのように見える。しかし、ケネディには、じつは、オバマが黒人であるということに匹敵するだけの特異性があった。

それは何か。彼が**アイルランド系のカトリック**だということである。

映画『JFK』で語られているように、オズワルドが真犯人なのか、あるいはKGBの陰謀なのかなど、ケネディの暗殺には数々の謎がある。

ケネディ暗殺に関する調書などの公文書は二〇三八年に公開されることになっているが、私は、おそらく二〇六三年まではムリだろうと思っている。秘密を長く守らねばならないほどの深い闇があるにちがいないからである。

いずれにしても、そこに明らかにあるのは、一九六〇年代のアメリカにおける一部の人々の反カトリック感情の強さである。5章でも詳しく述べるが、アメリカ建国に際し、あの苦しく長い航海を経て、アメリカにやってきた人々がピューリタン――最も反カトリック感情の強いプロテスタントたち――だったことを忘れてはならない。

たとえば、ケネディの大統領執務室の机の端に、親戚か親しい友人が忘れていったのかロザリオ――カトリックの祭具――が置いてあったとする。その写真を見ただけで目が凍りついてしまうのが、当時のアメリカの普通の人々の反応だったのである。

ケネディ暗殺から五十年近く経って、今では、そうした気風は薄まってきている。しかし、ケネディの時代においては、もしかしたら、**黒人の大統領よりもアメリカのエリートたちから危険視されたのが**「カトリックの大統領」だったのかもしれないのである。

これは、日本人にはとても理解できない類の差別だろう。日本人は、たとえば、宝船に、インド、中国、日本の神様を七福神と称して一緒に乗せてしまうほど宗教には寛大でおおらかな国だからである。

だから、日本人は、同じキリスト教徒同士がいがみあうことを不思議に思う。しかし、イスラム教にも（シーア派とスンニ派の対立として）同じことが起きるのだから、これは「内ゲバ」のようなもので、**近しい関係ほどこじれる**というのが、宗教対立の本質なのかもしれない。

というわけで、ケネディもオバマも、多くのアメリカ人が理性とは別に、どうしても「受け入れがたい」と感じてしまうような特異性を持っているのである。

このように考えれば、ダラスでケネディが撃たれたとき、妻のジャクリーンが逃げ出そうとした気持ちがよくわかる。彼女もまたカトリックだったからである。夫よりも我身の危険を感じたにちがいない。

これがアメリカの怖さである。彼らは異分子を抹殺することで国を支えてきた。十七世紀、十八世紀、爛熟した文化を誇る日本が、蘭学を一生懸命勉強し、新井白石などの学者を生んでいた時代に、**魔女狩りをして火あぶり**にしていた。これがもう一つのアメリカの実相だったことを忘れてはならない。

額に汗することを忘れたアメリカ人

少し前の話になるが、二〇〇九年二月二十日、アメリカの民主党よりの雑誌『ニューズウィーク』は、「アメリカは社会主義になったのか」というタイトルで特集を組んだ。しかもその記事の全体の論調が、社会主義を否定しないものだったことに注目が集まった。

「これだけのお金を銀行に注ぎ込み、景気対策をやったら、次に来るのは福祉問題であり社会保障である。おそらく、アメリカはかつてのソ連のような社会主義に向かわざるを得ないだろう」

これは、『ニューズウィーク』がここまで書くか、と思わせるほど挑戦的なものだった。これでアメリカの長期的な趨勢としての方向性は決まった、と私は思った。広義の「社会主義化」である。市場ではなく政府によって**経済を、社会すなわち市民生活のために機能させる**ようにしないと、アメリカは再建できないところまでの状況になっていることをこの記事は示唆した。

そういう意味で、いみじくも、オバマの考えは正論といえる。すなわち、「我々の経済は一夜で衰退したのではない」のである。アメリカは、長い時間をかけて延々と衰退の道を歩んできたのである。そして今後も、緩急の差はあっても、それは続くだろう。

アメリカは、今認めなければならないときが来ている。レーガンの時代に「アメリカが蘇った」といわれ、ベトナム以来の**過去二十年間の劣勢をはね返しソ連との冷戦に勝ち、九〇年代の「クリントノミックス」が示した「世界一の繁栄」があだ花だった**ということをである。

さらにさかのぼれば、ニクソンの時代からアメリカは一貫して落ち込んできていたのである。それを錯覚させた「あだ花」として、レーガンやクリントンが立て直したかに見えたときに実は衰退を加速させていたのである。それは、**市場に任せて政府は一切関与しないとするのが理想**、という教条主義的な方針によるものだった。

それがレーガン時代、一応の成功を収めたために、クリントンは同じような金儲け主義アメリカを野放図に推進した。ブッシュもまた然《しか》りで、市場原理主義によってサブプライムでバブル経済が形成されることを是とした。

私は今、戦前の昭和五年から十一年ごろまでアメリカに留学していた年輩の日本人が、レーガンが登場したときに言った言葉を思い出している。多くの日本人が、レーガンはアメリカを回復させると言っているとき、彼はこう言ったのである。

「レーガンは山師でうそつきだ。アメリカ人は心の底では彼を信じていない。しかし彼は巧みな俳優だった。もし彼が成功したらアメリカは滅びる」

彼が知っていたアメリカは、まだ慎みを美徳としたアメリカだった。世界に怪しい債券を売るとか、臆面もなく何の裏打ちもないドルを世界通貨にする、とかいうスレッからしの野心は持っていなかったのである。

すなわち、レーガノミックスやクリントンの「あだ花」政治にだまされて、**額に汗して働いたかつてのアメリカを忘れた**のである。それが七〇年代以来のアメリカの衰退を加速させた。

膨大な税金をつぎ込んでいるのだから、リーマンショックから一瞬「立ち直った」という錯覚をもたらすことだろう。しかし必ず「二番底」が来るだろう。かつての日本同様、不良債権の処理は進まないからだ。今、アメリカの「失われた十年」が始まっているのである。

この危機は、短く見ても十年は続くだろう。その後ようやくにして、アメリカもイギリスも、市場原理のみの経済から、**大多数の国民のために政策が機能する実質的な「混合経済」を志向**し、もう一度中産階級の層を厚くしないかぎり再度立ち上がることはできないことに気づくだろう。

基軸通貨ドルを守りぬく

というわけで、危機をもたらした大きな要因を深く見据《す》えると、「自由主義」経済の自由度のあり方、という問題に行き着く。この地上に、絶対の原理などない。全ては「調節」という営みがカギを握っているのが人間の社会なのである。それでは、**制限のない自由主義経済こそが繁栄の道である、**と彼らに錯覚させてしまったものは何なのか。

私が思うに、それは「グローバリゼーション」の名の下に進んだ経済多極化の流れである。アメリカから生産拠点がアジア諸国などに移り、それらの国々は「ものづくり」で経済力をつけると同時に、対米貿易黒字でドルによる外貨準備高を膨らませた。いま中国がその代表だ。

その結果、アメリカは世界の貿易赤字を一手に背負う形になり、今度はドルを自国に還流させようとして、世界との無理な金融取引に走った。アメリカの国債や金融商品、株を海外の投資家に売るには、**強いドルが必要であり、そうするにはアメリカの好景気つまり人為的細工による（つまりこれは自由経済の倒錯行為なのだが）金融バブルをつくらざるを得なかった**のである。

ここに至り、アメリカ経済の危うさ、つまり基軸通貨としてのドルの本質的な脆弱性が露わになった。リーマン・ショックの直後、中国などは一時、アジア共通通貨構想つまり「人民元によるアジア」という野心をのぞかせ、ドルへの挑戦を始めた。しかし何があってもアメリカは、ドルの基軸通貨体制を捨てることはできない。なぜならば、外国に軍隊を出し、**ドルを「基軸通貨」にしておかないと、アメリカ人の生活水準自体が保てない**、という構造になっているからである。

こうした構造を守ろうとしたアメリカは、そのためにあらゆる手段を採ってきた。つまり、アメリカはイデオロギーの対立から冷戦を戦ったというだけではなく、第二次大戦後の生活水準を守るために戦った面が大きいのである。

前出のレーガンは、その路線をさらに推し進めた。お金を還流するシステムを作るために、すなわちドル体制を守るために、軍事予算を五千億ドルも組み、そしてブッシュも**テロとの戦い、「イスラムとの戦い」と、湯水のようにドルを放出**する方向へ走った。

イスラム原理主義は自由を侵すと言い、イスラエルを守ることがアメリカの国益だと言い、**中国の人権問題に口を出し、遠くグルジア紛争にまで介入する**アメリカの本心のどこかには、やはり「ドルを守る」という目的があったのである。

もし、ドルが金本位制とつながっていたら、アメリカはこんなに必死になる必要はなかっただろう。正当な経済の論理で動いているのであるから、アメリカが世界で戦い続けなくても、世界は納得し、安心してドルを受け入れただろう。

ニクソン・ショック（一九七一年）によって金とドルを切り離して一人歩きさせたために、アメリカは経済政策上のモラルを失った。ドルをどんどん印刷して、世界に受け取らせようとした。そのためには、ドルの背後に軍事力が控えているのだ、拒否することはできないではないか、という心理を、各国の指導者に持たせなければならない。それはやはり「アメリカの覇権」を絶えず見せつけることだった。

こうして「モラルハザード」を本質とするドル、勝手気ままに振る舞うドルに、世界経済が引きずり込まれないためには、ドルを基軸通貨の地位から引きずりおろすことだ、とされている。具体的にいえば、**IMF体制を改変して、多元的通貨体制に改**

変することだといわれる。

そもそも、一九四四年のＩＭＦの出発点にあったのは、イギリスなどが提唱した「バンコール」という人工通貨単位を導入することだった。これは、ポンドを押しのけてドルを世界通貨として通用させようとしたアメリカに対して、アメリカの一極主義に反対したイギリスの経済学者ケインズが言い出したことである。「バンコールシステム」とは、各国が自国の経済力に見合った基金を出して、その拠出額に応じた人工通貨を配分しようというものである。ところが、それにアメリカが強く反対した。

戦時中、イギリスに実質的に無担保で大量のお金を貸す、という米英金融協定を結んでいたアメリカは、イギリスが「バンコールシステム」に固執するなら、この協定を破棄するとした。イギリスはそれに屈して、**金本位制とつなぐことを条件にドルの一極体制を認めた**のである。

そして前述のように一九七一年、それを断ち切ったのはニクソンだった。それ以後の三十数年間、アメリカの倫理はどんどん低落していったのである。

しかし、世界は当面、ドルに代わる通貨を見出せないことも、たしかなのである。日本人にとって、「人民元の支配」よりは、「ドルの覇権」の方が、まだましであり、それは東南アジアやインド、ロシアの人々にとっても同様である。

また**ユーロがドル以上に影響力を増す**ことは、イギリスやロシア、アフリカや南米の人々にとってはやはり好ましいことではない。「当面、他に選択肢がない」、これこそ、ドルの世界通貨としての地位を維持させている〝唯一の支柱〟なのであり、「パクス・アメリカーナの本質」でもある、といえよう。

アメリカが必要悪でなくなる日

しかしニクソン以後のこうしたアメリカの姿は、「世界と一体化し世界と深く関わることは、アメリカの道徳を引き摺り下ろすことになる」と言った建国の父・ワシントンの言葉に反するものであることもたしかなのである。

裏づけのないドルを世界にばらまき、それを米国債や証券化商品によって、自国に還流させ、それによって国民の生活と国の経済を支えてきたアメリカを見たら、ワシントンはどれほど嘆くことだろう。もし国家としての精神活力の再生をより重視するなら、**アメリカはワシントンに戻るべきである**、と言うべきかもしれない。

オバマは、もっとも尊敬する大統領としてリンカーンを挙げ、彼と同じ道路をたどって就任式に臨んだ。しかし、ワシントンだ、ジェファーソンだ、リンカーンだと言って、彼らを讃えるのであれば、まず、その時代のアメリカの真髄、つまり道徳、とりわけ経済倫理を思い出せということになろう。

たとえば、ワシントンの演説からおよそ三十年後、五代大統領モンローは、**世界に介入するとアメリカの自由は脅かされる**と言った。軍事力で世界と関わりつづけると、アメリカは独裁国家になり、国内に不道徳な格差社会が広がるから、ということで、あえて孤立主義を唱えたのである。

なぜ外国に介入し、軍隊を送ったり条約を結んだりすると、アメリカに不可欠な価値観や道徳律を犯すことになるのか。それは、その国との間に同盟や協商を結び、それを維持させようとして、**その国の政治に関わって賄賂《わいろ》を取ったり人事に介入したりするようになる**からである。結局、それが国内でもアメリカ人を腐敗させていく、と考えられたからであった。

そして、さらに、そのための財政出費に銀行家が動き出すことになり、金の力でアメリカの民主政治は大きくねじ曲げられてしまう、とワシントン以来、アメリカの指導者は、皆そう考えてきた。そもそも、イギリスが専制国家になったのは、イングランド銀行を作ったからだと信じられていたのである。つまり、建国の父たちは、外国への「不干渉主義」を、アメリカの自由と道徳を守るための支えであるとしたのである。

オバマはよく、建国の父たちの名前を挙げるが、このもっとも大事な道徳性の根幹に触れることはない。しかし、一人オバマだけを責めても仕方があるまい。今のアメリカが、こうした「建国の理念」から大きく逸脱して、**経済だけでなく世界中への軍事・外交面での介入を恒常化させる**ようになるのは、ずっと後、つまり第二次大戦後のことであった。しかし、そこへ至る流れは、二十世紀を迎える頃から、一つの「伏流」となって始まっていた。たとえば、第一次世界大戦がはじまった二十世紀のはじめ、ウィルソン大統領の右腕といわれたエドワード・ハウスという人物がいる。

どうしても、アメリカはヨーロッパの大戦に参戦すべき、と考えた彼は、この建国以来のアメリカの理念を国民に放棄させねばならないと考え、アメリカの参戦を望むイギリス人と協力して様々なメディア工作やキャンペーンをくり返しアメリカ国民に対して仕掛けていった。

そんな中で作り出されたフレーズが「孤立主義」(isolationism)という語だった。一説には、この語を発明したのは、対米工作に従事していたイギリス課報部員だったと言われる。ハウスらアメリカの参戦派は、「ワシントンの遺言」を始めとする建国の理念を忠実に守っていた人々に「あなた方は孤立主義だ」と非難した。英語では

〝孤立主義〟という言葉はとても悪い意味、不道徳な響きがある、からである。つまり、彼らは、ワシントン以来の建国の理念を「孤立主義」と言って否定したのである。以来、この理想主義的な「不干渉主義」やそれに基づくアメリカの伝統的な外交政策は、「孤立主義」と言われ、「利己主義」と同視さえされて、その理念としての道徳的命題はどぶに捨てられた。しかし、第一次大戦という「戦時」が終わると、アメリカ人は「イギリスにだまされた」と気づき、再び対外不干渉の国是の大切さを訴え始め、大戦後のアメリカは、いわゆる「孤立主義」へと戻っていった。

しかし、あの〝真珠湾奇襲〟によって、多くのアメリカ人は、一夜にしてそれまでの国是は「間違っていた！」と考えるようになり、アメリカ史の大転換が始まるのである。アメリカという国にとって、「真珠湾」は、それほど大きな意味をもっているのである。**たった一つの出来事で、アメリカの何百年の歴史をひっくり返した**からである。しかし今のようなアメリカの姿は、果たして正常なのだろうか。

やはり、長い時間をかけて、一歩ずつ普通の国に戻していくことである。そうでなければ、**アメリカの衰退は止まらず世界のまっとうな秩序は生まれない**と私は思う。

私は、ベルリンの壁が崩れたとき、これはアメリカという国にとって歴史的なチャンスだと思った。冷戦構造が崩れて、共産主義、脅威のソ連がなくなれば、アメリカは世界から引き揚げられる、と思ったのである。

アメリカはなぜそれをしなかったのか。原因は理念というよりやはり「金」だったと思う。やはりドル基軸体制を維持するためだったにちがいない。もはや、それなしにアメリカは一日も生きてゆけない国になっていたからだ。民主化を標榜して世界に干渉しつづける国策を改められないのは、まさにここにあるのである。

しかし世界は、アメリカがもはや**冷戦構造もないのに世界に介入し続けること、最強の軍隊を持ち続ける**ことを不自然だと思う感覚を蘇らせつつある。

そして、やがて金とつながったドルしか受け取らなくなるだろう。製造業で競争した昔に戻って、お互いに切磋琢磨していいものを作りましょうということである。最近オバマが打ち出した「今後五年間でアメリカの輸出を倍増する」という公約は、もし実現するなら、それは冷戦以来のアメリカの国柄を大きく変えることを意味する。

しかし、その実現の可能性は、現状では大きくない。

たしかに、今の日本にとっては、恐ろしい現実の軍事的脅威として立ち現れてきた中国を抑止する上で、圧倒的な軍事力をもって世界に介入し続けるアメリカが存在してくれることが望ましいことは言うをまたない。つまり、「人民元の支配よりは、ドルの覇権の方がはるかにまし」というのと同様、**軍事大国・戦争大国アメリカは、日本にとって明白な「必要悪」である**ことは間違いのないところだ。しかし、それは、日本の利害からの発想であり、それ以上でも以下でもないことをつねに直視しておく必要がある。

そもそも、現在のアメリカの国策と国力は「果たしていつまで続くのか」という問いは、心ある日本人ならつねに考えておかねばならない、最大のテーマというべきだろう。アメリカは、いつの日か、必ず変わる国だからである。

5

日本人が知らないアメリカの見方

――「三つの誕生」と「四つのアメリカ」

中国型市場全体主義の脅威

今後、オバマ時代のアメリカが、どんな行動に出てくるかを本当に深い視点から知るには、日本人は、アメリカという国の成り立ちについてもっと知らなければならない。

そもそも、**世界中で、日本人ほどアメリカを知らない国民はいない**だろう。そこには濃厚な「関わり」の歴史があるから、「知ってるつもり」の危うさ、もあるだろう。しかし、一番の原因は、そもそも日本人が歴史というもののもっている重さに十分気づいていないことだと思う。

私は、十三年まえに『大英帝国衰亡史』、六年まえに『帝国としての中国』を書き、五年まえに『アメリカ外交の魂――帝国の理念と本能』を書いて、長年の目標だった「三つの帝国論」をまとめることができた。

いずれも、日本人に「歴史の真の重さ」というものをわかってもらうために書いたつもりである。

本来、「情感の民族」である日本人にとって、司馬遼太郎や古くは吉川英治の「歴史文学」を鑑賞するのは、上品な国民的娯楽として結構なことだと思う。しかし、国が生きるか死ぬかに関わるとき、問われる歴史とは、それら「文学としての歴史」とは全く異なるものだということは是非知っておいてほしい。

そうした関心から、その三部作最後のアメリカ論の中から、今後の日米関係やオバマのアメリカの行方を深く知るために役立ちそうな部分を、ここで詳しく紹介しておきたい。

まず、明確に言えることは、この「三つの帝国」の中で、**現在の「アメリカ帝国」ほど脆弱で寿命の短いものはない**だろう、ということである。

本来、「帝国」というものは思想をもたないものなのであり、少なくともそうでなければ「長生き」はできない存在だと言わなければならない。

少なくとも、人間の本質や世界の相貌をすっかり変えてしまおうとするような、「燃えるような思想をもつこと」と、「帝国を維持せんとする志向」は、両立しえない。

なぜならば、一つの「思想」で世界を取り仕切ろうとするには、世界はあまりにも広く変化に富みすぎているからである。明確な価値観を持つこと、それは、帝国の本質である「支配の効率」に必ず背くことになる。

たとえば、ブッシュ政権は、アメリカ的な意味で普遍的イデオロギーである「自由」そして「民主化」などを中東に広げようとした。彼は、「ネオコン的」な情熱をエネルギーにして、さらなるグローバル覇権を唱えたが、あっという間に、しかも見るも無惨に途中で挫折した。そのことからも、思想で仕切ろうとすることの怖さがわかる。

ブッシュ政権の例は、**イラクの大量破壊兵器問題をめぐるCIAとホワイトハウスの大失態**など、ほとんど「マンガ的」で愚かな失敗だった。つねに「理念の共和国」を誇示するアメリカにとって、この挫折経験は、もっと長いスパンで大規模にあてはまる根本命題と言える。

第二次大戦後だけを見ても、アメリカという帝国は、朝鮮戦争、ベトナム戦争、湾岸戦争とイラク戦争、アフガン戦争と、ほとんど十年に一度の頻度で「辺境戦争」に挫折し続け、歴史的な国力を低下させつづけてきた。これらは、いずれも「思想の虜」になった帝国として宿命づけられた挫折だった。

他方、人類の歴史上、広大な帝国を長期にわたって維持した事例を見れば、いずれも究極的に「思想」ではなく「支配の効率」を優先させた場合に限られている。

しかし、「支配の効率」を優先させて覇権の維持に努めようとする帝国はやがて、異なる文明や思想・文化に対する「寛容」を余儀なくされるようになっていく。

たしかに異端的な思想や文化は、**ローマに対するキリスト教**のように、つねに「帝国」に対して挑戦してくる。こうした世界史的な「思想」に挑戦された帝国は、やがて二つの道をたどるようになる。


一つの道は、その挑戦を、全力を挙げて克服しようとすることだ。それによって一層、帝国としての「普遍性」を高めようとする。もう一つの道は、静かに「思想」にその座を明け渡し、世界史の転換を招来する道だ。つまり、帝国の衰亡である。

アメリカは、二十世紀の末に共産主義という「思想」の挑戦を退けた。しかし、いま「イスラムの挑戦」を始め、復活するプーチンのロシアによる「再挑戦」、さらに**中国型市場全体主義という新しい脅威**が、アメリカの「衰亡のとき」を虎視眈々と狙っている。

それを取り巻く世界には、よろめき始めたアメリカという帝国を、全力を挙げて支えようとする味方はほとんどいない。オバマ政権は、その世界に広がる「挑戦」と「懐疑」の視線の中に誕生したのである。

たしかにアメリカは、かつて大英帝国という「支配の効率」にもっとも忠実だった帝国に対して、**アメリカ独立革命という「思想」を対置する**ことによって誕生した。したがって、その後、大きな国力を貯え、世界に膨張し始めても、つねに、「帝国」として生きるのか、「思想」によって生きるのか二者択一を迫られてきた。

とはいえ、「帝国主義」が、「自国の勢力範囲や領土を、武力などの『パワー』という手段によって広げようとする政治的・経済的膨張主義」と定義されるならば、アメリカは、その誕生のときからまぎれもなく帝国主義の国であった。

マシュー・ペリーやアルフレッド・マハンそしてセオドアとフランクリンの二人のルーズベルトらは、いずれも帝国アメリカの象徴たる海軍ときわめて深い関わりをもつ関係者として、早くから「世界帝国アメリカ」というビジョンをつねに心に抱いていたのである。

「世界帝国」を動かす目に見えないもの

実際、アメリカの歴史には、正面切って、「帝国主義こそアメリカの進む道だ」と呼号した時代もあったのである。だから、単に、第二次大戦後の出来事だけを見て論じても、「帝国としてのアメリカ」の本質は理解できない。

しかも、もっと遡っても、この点での日本人のアメリカ論は、「ペリー来航」以来でしかない。それ以前の、あるいは**もっと深いアメリカにとっての帝国としての歴史の重み**というものに全く気づいていない。

そして、その最も大きな原因は、アメリカの歴史を動かしているものが、アメリカとは最もかけ離れた異文明の日本人には苦手な「目に見えないもの」であるからかもしれない。

たしかにアメリカについて語るとき、日本人は、単純に「理念の共和国」として片付けてしまい、アメリカの思想とか理念あるいは価値観についてのみ触れることが多い。

しかし「アメリカ」をより深く考え、その実際の「動き方」を予測するためには、そうした理念や価値観を、さらにその底で支えているものは一体何なのか、という問題にまで視線を届かせる必要がある。

理念や価値観を支え、また時にはそれらを揺さぶっている「国としてのアメリカの内面」、すなわち「アメリカ精神を動かしているもの」のあり方を知らなければならないのである。

言い換えると、アメリカを一つの文明、つまり歴史的な生命体として見て、その魂の次元での「アメリカの営み」をつかもうとすることが必要なのではないか。

日本は、アメリカ外交に重大な関心を向けざるをえない立場に立たされている。とりわけ、**アメリカの第二次大戦後の超大国としての地位、とくに冷戦後の一極支配が明白に崩れようとしている**今、「オバマのアメリカ」が、世界との関わり方を、どのように模索しているのか。

それを知るためにこそ、これは不可欠な視線のように思われる。

こうした問題のとらえ方は、長年にわたりアメリカの外交を考え、なんとかして、アメリカ外交史についての自分なりの見方をつかもうとしてきた私の試みから得た一つの結論と言ってもいい。

アメリカの外交史ほど、学び方が難しいものはないように思う。通り一遍の勉強によって、何か深く「腑に落ちるもの」を得られることが少ないのである。

それは、一見、不動なものに見える「理念」という言葉の呪縛によるところが大きいのかもしれない。しかし、**民主主義や自由という理念や価値観も、所詮、それらを支え、受け継いでいるのは生身の人間**なのである。

言い換えると、一見、無機質で確固とした「アメリカの理念」を支えるものは、実はとても感性的で、複雑かつ流動的なドロドロしたものだ、ということだ。

そういう視角からアメリカを見ること、つまり、それなりに風変わりではあるが、本質的に「普通の国アメリカ」という文明史観が、今、我々に求められているということである。

ただそのとき、同時に大切なことがある。それは、「普通の変な国」であるアメリカを、突き放しつつ同時に懐深く見るためには、通常以上に、我々の文明観そのものが問われてくるということである。

日本自身を、それこそ**千年単位で少し深く見るようにし、かつ考える視点**をもてば、「アメリカとは何か」という問いも、一向に難しいものではなくなるということだ。

アメリカの外交やその外交史は、他の国の場合と違って、「精神史のプリズム」を通さなければ、深くは理解できないところがあるのである。

「文明としてのアメリカ」という視点なしに、「知ってるつもりのアメリカ」になっているのではないか。つまり「無機質で唯物主義なのに声高に理念を唱える国アメリカ」と捉える単純なこれまでの日本人のアメリカ観が、根底から問い直されなければならない。

これがアメリカを論じるとき、私が力説してやまないことだ、と理解したうえで、「アメリカ」を知ってほしいのである。

「三つの誕生」に見るアメリカの深い淵

＊アメリカの「第一の誕生」——ピルグリム・ファーザーズ

二十一世紀の世界において、アメリカは今後どんな役割を果たすのか。アメリカがそこで何を考え、どう行動するのか。

以上のことを、より大きな視点で考えるとき、もっとも重要なことは、**アメリカという国の国柄や、建国以来アメリカが外の世界とどう関わってきたのか**を正確に知ることが大切だ、と私は考えている。

国とか文明、あるいは長期的に見たときの一つの社会というものは、その「誕生」に本質がある。とりわけアメリカを考えるとき、その「始まり」が決定的に重要な意味をもつように思われる。では、それをどこに、そしてどのように見たらいいのだろうか。

私は、アメリカには三つの「始まり」があると考えているが、これは、アメリカを深く知る上でとても重要なことであり、そしてそれが同時にアメリカという国の理解を難しくしていることだと思っている。

まず、一六二〇年、ヨーロッパで迫害されていたピューリタンたちが、神の教えだけを支えにして、**メイフラワー号という小さな船で大西洋を渡り、現在のマサチューセッツ州プリマスに上陸**した。

歴史教科書など、一般的に、アメリカの始まりは、この「ピルグリム・ファーザーズ」の移民であったとされる。しかし日本人が「アメリカ建国の精神」のイメージとして「メイフラワー号」を思い浮かべるのは、実は間違いなのである。

彼ら「ピルグリム・ファーザーズ」とされてきた人々は、イングランドをその信仰のゆえに追放され、仕方なしに最初はオランダに流れていった。次いでそこでも「行き場」を失った。

彼らのことを、イギリスの主流派であった国教徒たちは「海を漂流する乞食」（シー・ベガーズ）と呼んだ。

北海の沿岸で食いっぱぐれ、漂流もできなくなり、仕方なくイギリス国王の慈悲と目こぼしによって、**北アメリカへ流れ着いたいわば「ホームレス移民」**と見なされてきた。文字通りの巡礼者、つまり宗教的流れ者であり、**まずは食いつなぐための新天地を求めた「移民」あるいは「難民」**にすぎなかった。

アメリカを考えるときもっとも重要な視座の一つは、「移民」と「植民者」とは本質的に違うということである。アメリカ史において、「植民者」は国家の建設をめざす集団であり、国家の主人公たらんとする人々のことであった。

それに対し「移民」は、国家建設の意志を欠いており、すでにある別の国へ、あるいはより生活しやすい社会環境を求めて移動するにすぎない人々である。

それでは「国家としてのアメリカ」をつくったのは誰なのか。それは、アメリカ大陸に真の宗教にもとづく「新しい国家」をつくることをめざしたジョン・ウィンスロップ（一五八八―一六四九）と千人になんなんとする彼の仲間たちだった。

一六三〇年六月、彼に率いられた**裕福なピューリタン植民者たちを乗せた「アーベラ号」**は、マサチューセッツ湾に錨を下ろした。彼らは、それによって本国イギリスの「堕落した教会と国家」を改造し、ひいては全世界をつくり変えようとした。

その強烈な宗教的使命感と厳しい戒律にもとづき、人類の灯明となるべき「理念の共和国」をめざす第一歩を記したのだ。つまり、**アメリカは、その国家としての始まりから徹頭徹尾「宗教国家」だった**のである。

現在のアメリカの中東政策、あるいはイラク戦争やアフガン出兵を見ると、「イスラム」との関わりが、年ごとに深刻な意味をもつようになってきた。これは、アメリカという国家が、純然たる宗教国家として出発したことと無関係ではあるまい。

＊アメリカの「第二の誕生」――独立戦争とアメリカ憲法

しかし、現在のアメリカの国の仕組みや表面的なあり方にとらわれていたのでは、それは必ずしも見えてこない。システムとしてのアメリカは、憲法はじめ多くの面で、世俗的建前をとっており、信教の自由はじめ政治的な自由と平等がもっとも重視されている。その社会も一見したところ、かなり物質主義的な性格をもっている。

この矛盾の根底にあるものこそ、アメリカという国には「三つの誕生」があるという事実である。

いうまでもなく、本来の意味でのアメリカの建国は、「独立宣言」とアメリカ憲法が生み出された十八世紀のことである。しかしこれは、アメリカという国が法的に正式に成立した、というだけで、実はすでにあった国家としての「アメリカ」の第二の始まりだったのである。

独立宣言は一七七六年になされ、それに続く**独立戦争でイギリスから法律上も正式に独立**した。注意すべきことは、一六三〇年ウィンスロップがボストンで「アメリカ建国」を宣言して以後、法的にはイギリスの植民地であったかもしれないが、精神的にはアメリカは一度も「イギリス」であったことはなかったという事実だ。さらにその形式上の植民地という地位も清算することになった、アメリカの第二の「国家としての始まり」は、**一七八八年のアメリカ憲法の制定**であった。

一七八七年にフィラデルフィアで制憲会議が始まり、翌々年の一七八九年、フランス革命が起こる年に、初代大統領ジョージ・ワシントンが政権を担った。ここにはじめてアメリカの連邦政府ができ上がった。

たしかに結果として「連邦としてのアメリカ」になった。しかし、そもそも**連邦制をとるかあるいは各州それぞれ別個の国として独立するかは大問題**だった。また、王制にするか共和制にするかについても、イギリスからの独立が決まった後、十年近くにわたっての大議論があった。

そうした激しい議論の中から、一七九〇年代にようやく「連邦制《ユニオン》による共和国」というシステムができ上がったのである。しかし、その後も、そこには絶えず「州権」との衝突があったのである。

*アメリカの「第三の誕生」――南北戦争

「本来の国家である州が先か、国家としての連邦《ユニオン》が先か」という、アメリカの国体をめぐる根本的動揺が解決されるには、実に南北戦争を待たねばならなかった。その意味で、第三の「アメリカの誕生」は、リンカーンとその死で完了するのである。

アメリカ民主主義の一つのバックボーンが宗教だとすると、「連邦」はもう一つのバックボーンである。つまり、連邦制を抜きにアメリカの民主主義を考えることはできず、それをはっきりと形に記したものが「アメリカ憲法」なのである。

そして、**アメリカの民主主義の根幹は、この「アメリカ憲法」であり、「独立宣言」ではない**と長く考えられてきた。独立宣言は、いわば「宗教国家アメリカ」の教義を十八世紀啓蒙思想の色づけで表現したものにすぎないといってもいい。

つまり、啓蒙主義や近代思想の時代において、「独立宣言」は、宗教国家アメリカの「宗教」の面を近代的な形で象徴したものだった。そして「アメリカ憲法」の本体は、「国家」の面を代表したものだったといえよう。

この二つは、ウインスロップ以来一つのものとして追求されてきたのだが、独立によって二つに分裂したという見方ができるかもしれない。それが、その後の「アメリカの宿痾《しゅくあ》」のもとになった。

つまりそこには、宗教と国家の分裂があり、それを何としても統合しようとするアメリカ文明の本能として、アメリカ政治は周期的に「熱狂」を形作っていくことになったのである。

つまり、アメリカとは、**「独立宣言」の源としてのキリスト教のバイブルと、「アメリカ憲法」という政治、民主主義のバイブル**という二つのバイブルでできあがっている国といっていい。

そして、この「二つのバイブル」は、そのときどきにおいて、周期的に分離する。そのたびに、「アメリカの魂」は大きく揺さぶられ、深刻な疎外を経験することになる。

またこのことが、世界にとって、ときにアメリカを見えにくくする要因ともなる。

アメリカはくり返しこの二つの分裂に呻吟《しんぎん》し動揺し、そして何としてもそれらを再びつなぎ合わせようとしてきた。

アメリカは、この二つの分裂により「試練の時」を迎え、国家的・対外的な危機を招来し、その克服を通して再び「魂の統合」へと至る。しかしまた、外的条件とくに物質的な発展によって再度分裂する。アメリカの政治と外交をめぐる周期的な動揺は、ここから生じているのである。

そのとき再び「統合したアメリカ」ができ上がるためには、大きな精神的エネルギーを要する。そのためにはどうしても周期的に「熱狂」をつくり出すことが求められる。「オバマのアメリカ」は、まさにこの周期的な熱狂の結果生まれたものといえよう。

アメリカ史にくり返される「宗教再生」運動や戦争は、その「熱狂」の奔流を流し込むチャンネルとなる。この**アメリカ文明史の生理こそ、アメリカ外交を動かす深い「魂の営み」**なのである。つまり、喪われた「真のアメリカ」が再びでき上がるには、血と汗と涙にまみれた「大きな悲劇」が永遠にくり返される必要があるのである。

このようなアメリカ文明のパターンを、初めて大規模に現出させ、以後このアメリカ史の構図を定着させることになるのが、南北戦争だった。だから、南北戦争は「アメリカ」の第三の誕生というべき出来事になった。

南北戦争は、独立宣言からおよそ百年後に起こっている。つまり、一六三〇年、一七七六年、そして一八六一年と、**およそ百年に一回ずつ、アメリカは新しい出発をしているの**である。

9・11やイラク戦争に継承される「南北戦争のパターン」

要するに、この「三つの出発」が二十世紀のアメリカをつくってきたのである。それぞれの出発点において、アメリカは、民主主義の前進のためには「いかなる犠牲も払う」という強い理念性、そして強度の宗教性を帯びた「選民意識」、ある種のメシアニズムをもっていた。

宗教と政治、そしてその**分裂のジレンマと、その再統合を回復するために行われる戦争というメカニズム**が、源にあるといわねばならない。だからこそ、今日においても、「民主主義や自由の危機が到来している」と見なした場合、アメリカ国民自身が、それを心の奥深いところで「神の与えたもうた試練」と受けとめる。

その結果、アメリカは国をあげて、「大戦争も辞さず」という強い覚悟で試練に立ち向かっていくことになる。南北戦争をきっかけとして、そういう精神史のパターンが、アメリカ文明史の構造として定着したのであった。

そして、アメリカが世界に乗り出していく二十世紀は、まさにその「南北戦争」を世界大のスケールでくり返したものといえる。

第一次世界大戦、第二次世界大戦、朝鮮戦争、ベトナム戦争、さらには今日の「9・11」やイラク戦争まで含めて、二十世紀アメリカの戦争史にはすべてにこの「南北戦争のパターン」が継承されているように見えるのである。

しかも重要なことは、近代兵器による世界大戦よりも、**南北戦争が、死者数においても破壊の規模においても、いまだに、アメリカ史における最大の被害**をもたらした一大戦争であるということだ。

だから、南北戦争はアメリカ人にとって、精神的にも「最大の犠牲と悲劇」を生んだ戦争であり続けているのである。

各国の歴史において、独特の感情を込めて「あの戦争」といわれる特別の戦争がある。日本人にとっては言うまでもなく、昭和の大戦、つまり大東亜戦争あるいは第二次大戦である。

フランス人やイギリス人にとって、「ザ・グレート・ウォー」といえば、第一次大戦を指す。その国の歴史に強烈な刻印を残す「あの戦争」がどこの国にもあるが、アメリカ人にとっては、南北戦争こそが、どれほど時を経ても、ただ一つの「あの戦争」なのである。

南北戦争は、もちろん、**人間の平等という理念をめぐっての史上最大の流血**という「大きな悲劇」にはちがいない。しかし、実は「奴隷制度廃止」のための戦争では必ずしもなかった。少なくともそれは、現実のイシューとなったテーマではなかった。

つまり、何よりも**南部諸州が連邦からの分離をめざしたために起きた**のが南北戦争であり、「連邦《ユニオン》」つまりアメリカ憲法の維持、「民主主義防衛のための戦争」でもあった。

一大悲劇だったという記憶と、国家としてのアメリカの崩壊を防ぐ戦争だったという思いがあるからこそ、いつまで経ってもアメリカにとっての「あの戦争」であり続けるのである。

したがって、二十一世紀の世界におけるアメリカを考えるとき、南北戦争を切り離して考えることはできない。アメリカが決定的に滅びるとしたら、それは「新たな南北戦争」によってであろう。

民主主義とアメリカの精神、つまりその「ユニオンとしてのアメリカ国家」を守る戦争、またそのための「犠牲」であり「神の試練」である、といった普通の国にはない何か差し迫った調子の議論がくり返し人の口をついて出てくるのも、南北戦争以後のことなのである。

精神的バックボーンとしてのピューリタニズム

しかし「アメリカ」という文明の核心にあり、その国家としてのあり方のもっとも基軸となっているのはやはり、第一の建国、つまり「ピューリタニズムの国家」という宗教的なバックボーンである。

周知のように、ヨーロッパの歴史においては**中世以来、カトリック教会が圧倒的な主流派**としてあった。ドイツや北欧で、マルティン・ルターが中心になった宗教改革が起きたのは十六世紀だった。いわゆる「ルター派」の権威への服従を宿したプロテスタンティズムである。

しかし、ヨーロッパ近代史においては、ローマ・カトリックと対立するプロテスタンティズムの中で決定的な重要性をもつのは、スイスのジュネーブで新しい教義をつくったジャン・カルヴィンが興した「カルヴィン派」である。

カルヴィン主義は、非常に強い個人主義と命がけの使命感、そして激しい信仰への情熱をもっていた。このカルヴィン主義こそが、我々のイメージする「プロテスタンティズム」に一番近いかもしれない。

そしてこの種のプロテスタンティズムは、近代的なビジネスに非常に適していた。ドイツの社会学者マックス・ウェーバーも『プロテスタンティズムの倫理と資本主義の精神』で、近代資本主義はそれに支えられ歴史的な大成長を見た、と述べている。

イングランドではそのカルヴィンの教えに従う人々が、**カトリックの残滓を残すイギリス国教会の「不純」を攻撃**し、その「純化」を求めた。そこからピューリタン（純化する人）と呼ばれた。

そして、このアメリカのプロテスタンティズムの中心になったピューリタニズムが、実は二十一世紀のアメリカと世界の関係を考える場合にも、重要な意味をもってくる。

彼らは、いかなる日常の環境にあっても、その改善をめざし、つねに前へ前へと進もうとする。自身の内面からほとばしり出る「進歩と変化」を求めてやまない行動性、そして**「救済への情熱」を絶えず公言し続ける**というのが、このアングロサクソン化されたピューリタニズムの大きな特徴である。

これは、日常に安住せずに絶えざる前進を続けなくては、必ず悪魔に魅入られて堕落し、「地獄に堕ちる」ということを強迫観念のように説き続ける、その教義に由来するものである。

それは、どんな苦難にもめげず、誰の保護も受けずに自らの足で目的に向かってまっしぐらに進み、万里の波濤をも越えてそこに新しい「信仰の都」、「丘の上の町」をつくろうとしたアメリカにぴったりの「国家神学」を与えるものであった。

そこから、この「神の恩寵」の証明としてのアメリカという国家こそが、世界をつくり変えずにはおかない、という大きな国家的確信と使命感にもつながっていく。

こうした使命感を支えているのが、救済、「救い」という観念である。

ピューリタニズムは、慈愛を説く新約聖書ではなく、厳しい「神の掟」を強調する旧約聖書を重視するが、それはまた一見、仏教の「無常観」にも似た人間のはかなさを強調する。ピューリタニズムの特別な厳しさは、「自分は救われている」ということをこの世において実感しない限り天国へは行けず、地獄に堕ちることが確定してしまうという点にある。

その恐怖感から逃れるために、「自分は必ず救われるのだ」という確信をどうしても得なければならなくなる。

いわゆるカルヴィンの**「予定説」では、救われる人は生まれる以前にすでに決まっているる**とされる。だから、誰が救われるかは、それこそ「神のみぞ知る」で、人間には「そのとき」にならなくてはわからない。

しかし、救われる人間は「必ずこういう行動に出るはずだ」という、ある種の「予兆」があるとすれば、その徴候を自らが感得しえてはじめて、「自分は救われる」ということの証明になる。

こうした信仰のあり方が、ピューリタニズムの特徴的な行動様式につながり、それが日常生活や社会生活、あるいは政治的な行動、そして**世界一の経済大国を作ったビジネス行動など、すべてに反映する**のである。

そのためにアメリカ人は、しばしば非常に強い強迫観念に脅かされる。

つまり、このような観念を心に秘めた、ピューリタニズムの独特な魂が、有力な精神の核になって、アメリカという国は始まったのだ。

それを忘れてはならないのである。

なぜタバコはあれほど敵視されるのか

このことを抜きに考えてしまうと、我々は間違ったアメリカ観をもつことになる。楽天的で進歩への理念を単純に信じているアメリカ、あるいは単純なイデオロギーとしての民主主義や人権、**単に金銭や豊かさを求める物質的衝動**ということだけで成り立っている国に見えてしまうのである。

しかし、これがまったく間違った、あまりにも単線的なアメリカ観なのである。あの対米戦争の誤ちの根本はここにあった。そして、それはいまだにくり返されている。我々日本人は、そうしたアメリカ観を根本から変えないと、二十一世紀のアメリカも到底理解できないだろう。

イギリスという国、あるいはドイツという国、ロシアという国を見るとき、それほど間違った理解をすることはない。ところが、**アメリカという国は、根本にこうした「大きなねじれ」があり、多くの国がアメリカに対してとてつもない誤解をしてしま**

う原因はそこにある。

日本人は、キリスト教を深く理解できていない。そのために、「楽天的で開放的で、単純で実利的なだけのアメリカ」というイメージを、明治以来、とくに戦後この方、無邪気に抱き続けてきた。

しかし、アメリカの誕生以来の行動を見るとき、そのすべてのベースには、前述のような宗教的強迫観念がある。この**強迫観念に促された「自己浄化」の衝動の強さ**は、他の西欧文明にも類例を見出し難いのである。

もちろん世俗化が進んで、こうした宗教性が社会生活では一見、後景に退いているような現代のアメリカでは、宗教の教えを直接、外交政策に反映させようという声はあまりあがらない。

しかし、アメリカ人が、今もなぜ、あれほど「自由」「民主化」「人権」ということを世界に対して言い続けるのか。それを理解しようとすれば、この宗教的なものを土台としたアメリカという国の内面を知る必要がある。

現代イギリスを代表する有名な歴史家ポール・ジョンソンも、『アメリカ人の歴史Ⅰ』(二〇〇一年、共同通信社)の中で、「アメリカという国はその誕生に深い秘密をもった国だ。今日、アメリカがわかりにくい行動に出るときは、その誕生にさかのぼって考える必要がある」と述べている。

その一例として、ジョンソンが挙げているのが「タバコ」である。アメリカでは、近年、とくに一九九〇年代に入って禁煙運動が盛んになり、ヨーロッパ人から見ると熱狂的なまでの禁煙社会が推進されている。

ところが、このタバコこそが、アメリカ史の本質を典型的に表していると、ジョンソンは示唆する。

十七世紀の第一の建国（植民地の成立）の時点で、**アメリカの富、物質的繁栄の根幹にあったのは、バージニア植民地のタバコ栽培**だった。それが物質的、経済的なアメリカの始まりだったのである。

南北戦争も、そもそもタバコ畑で働かせる黒人労働者の導入により、植民地の経済が成り立ったことに由来する戦争だった。白人は、サウスカロライナのような炎熱の南部の風土の中では、労働に従事できなかったのだ。経済的に言えば、**アメリカという国は、たしかにタバコに依存してでき上がった国**といえる。

にもかかわらず、今日では、喫煙は悪徳であり、連邦政府も州もマスコミも国民の大半もこぞってタバコを「敵視」している。

この国の成り立ち、その誕生の核に、そうした「悪徳」を宿していたことを悔い改め、一挙に自己否定の情熱をほとばしらせる。それによって昨日までの自らの「悪行」を洗い流し、一心不乱に自らの魂を浄化していく。

この「自己浄化」の情熱がどこから生まれるのか。やはり、**自らの魂が「救われる存在である」ということを証明する**ためにやっているようにすら見えるのである。

アメリカという国は、誕生の起源にあった「原罪」を何とか浄化してゆこうという衝動と、ピューリタニズムの「救い」の証明を得ようとする強迫観念を延々と注入されてきた。それを「民族あるいは国の魂」として刻印されているのだ。

これが、ほかの国にはないアメリカ人の心性の一大特質である。それは、今日のアメリカの歴史や政治の根幹に、あるいはアメリカと世界との関わりの奥深くに、非常に重要な位置を占めていることをくれぐれも忘れてはならないのである。

インディアンを追い出したという原罪

しかしじつは、このタバコより深刻な「魂のねじれ」がアメリカにはある。

植民当初に行われた、先住民たちに対する大虐殺である。十七世紀の初めから白人植民者は、十分に開拓されていない土地のことを「フロンティア」と呼んだ。「フロンティア」という語は、**ヨーロッパでは単に「国境、境界」の意であったが、アメリカでは「文明と野蛮の境」という意味**に置き換わり、やがて「未開拓地」を指すことになった。

しかし、白人植民者たちにとってのフロンティアというのは、**先住民を追い出し、そこを人工的な無人地帯にする**ことだった。「誰もいない」から、これは「フロンティア」だという論理を作ったのである。

こうした「悪行」をやってのけた白人植民者の内面における「良心のうずき」は、すでに一六三〇年代から四〇年代の植民当初からくり返し記録として残っている。

この罪悪感は、一度は自分たちの魂の中に埋め込んだものの、「埋葬した記憶」が絶えず自らの魂を突き上げる。アメリカ人にとっての「ヒロシマ」の記憶も、これに似た心理構造をもっている、と言えば日本人にはわかりやすいかもしれない。ここに、ヨーロッパ文明とは異なる「アメリカの魂」の特徴がある。

もちろんイギリスにしても、大昔アングロサクソン族がイギリス諸島に**ゲルマン民族の大移動の一環として渡ってきて、先住のケルト人を追い払うか皆殺しにしてでき上がった国**である。

ドイツも、ポーランド人やチェコ人などのスラブ民族からの収奪によって、「神聖ローマ帝国」として成立した。このように、キリスト教の倫理から見て「汚れた過去」を原初にもっている。

さらに言えば、中国などはもっと典型的な他民族虐殺の歴史をもっている。この日本列島でさえも、はるかに緩やかな形ではあるが、蝦夷や隼人を「平定」して大和国家が生まれた。つまり、今ある国はほとんどすべて、それぞれ**四方八方から移住民がやってきて、多かれ少なかれ先住民を圧迫したり追い払ったりしながら土地を奪い、国をつくってきた**のである。

しかしこれらの「建国の記憶」は、すべて遠い過去の闇の彼方の出来事としてしか受け止められることはない。

しかしアメリカはまったく違うのである。なぜならば、アメリカだけはその過程が全部正確かつ克明に記録に残っているからである。調べれば、**いつどこで誰が何人の「インディアン」を殺して、どれだけの土地を奪ったか**、史実として全部わかる。

アメリカにとって、国家としての「原罪」はそれほど新しい出来事なのだ。このことが、アメリカ人の集団としての精神構造に深く刻印されているがゆえに、「民主主義」「人権」といったスローガンがあれほど熱を帯びて語られるのである。

当初から今にいたるまで、多くの宗派が並存しているアメリカの社会で、ピューリタニズムの信仰が「国家としてのアメリカ」の魂の側面を代表する位置を得てきたのはそのためである。

この「悔い改める」という精神の営みが、文明としてあるいは国家としてのアメリカの生命力と前途を保証するものであり、そしてこの情念の強さの背景には、**ピューリタン的な「原罪意識」がきわめて重要な役割**を果たしているのである。

カトリックの場合は、「喜捨」とか「寄進」を通じての贖罪《しょくざい》という観念があり、愛による慈悲、赦《ゆる》しということが重要な信仰の概念として位置づけられている。

しかも、ローマ法王や教会など、その仲立ちとして頼れる存在がある。

ところが、こうした意味の教会を否定するプロテスタントの場合は、カトリックのような他人を介した神の赦しはない。なぜなら**プロテスタントは、一人一人が直接神につながっている**からである。

しかも、普通に現世を生きていたのでは、自ら「救い」の実感は得られない。そこでプロテスタントの中でも、ピューリタニズムは一層厳しい道を選ぶ。

こういう強い「魂の習慣」が、新大陸のアメリカという環境の中では一層強く身についていった。しかも、またこの「魂の習慣」が、建国の原初における良心の「呵責」への解答《カタルシス》をくり返し探し求めさせるのである。

それゆえによくいわれるようにアメリカ人は戦うとき、必ず「猛烈な戦争」をすることになる。またそれゆえに必ず「やり過ぎ」てしまう。そしてその「やり過ぎた」あとの**戦後に、必ず大いなる幻滅が訪れる**ことにもなる。これが、同じキリスト教文明に源を発しつつも、ヨーロッパとは異なる、アメリカの「運命づけられた苦悩」なのである。

なぜアメリカ人は転職し、転居し、再婚するのか

ピューリタニズムのそうした宗教的な魂の希求と革新的テクノロジーとが結びついたときにでき上がってくるのが、前出のマックス・ウェーバーの言う近代資本主義である。

アメリカのあの物質文明は、戦争においても、ビジネスにおいても、どんな不可能な事も可能にする技術的解決を求めてやまない。これもプロメテウス的な「どんな問題にも必ず解決策はあるはずだ」というアメリカ精神の発露といえる。

アメリカの歴史には、突如として**宗教が政治や社会の動きに決定的なインパクトを及ぼす時期が、およそ二世代（六十〜七十年）ごとに訪れている**ように思われる。

ウィンスロップやピルグリム・ファーザーズの第一世代が亡くなってから、およそ二世代経った十八世紀前半、「大覚醒運動」と呼ばれる宗教再生の動きが突如、すべての植民地を席捲し始めた。これは今日全米各地に見られる「キリスト教原理主義《エヴァンジェリカリズム》」

と呼ばれる動きの「ハシリ」ともいえる。

このとき、その運動の先頭に立ったジョナサン・エドワーズというイエール大学出身の説教家は、「神がいるということは、即ち悪魔が必ずいることである」「つねにその悪魔が口をあけて自分たちを待ち構え、しかも我々はほかに何も頼るものはない」と言っている。

彼は、宗教的信念のみが頼るべきものであるとして、「怒れる神」と絶対的な「再生の確信」の必要を説いた。しかもそれは「熱狂的な宗教的覚醒」を通してしか得られないとされ、全米の植民地で一世を風靡《ふうび》した。

これは、ピューリタン特有の旧約的世界観の厳しさを強く人々に迫り、「熱狂」を通じた「再生の確信」を促すものであった。またその信仰のあり方が日常生活においても社会的な意識においても、「やむことのない試練」の過程としてすべてがとらえられ、**つねに自らが試されているという観念**につながっていくのである。

この、強迫観念によって動かされる「国家としてのアメリカ」のユニークさがここにある。また、逆に、あのアメリカのダイナミズム、アメリカ人の楽天性といった「光の部分」も、実は、源はここにあるのである。

こうした意識と共にピューリタンの心の中に根強くあるのが、「世俗的なものはすべてうつろい滅びる」という観念である。

しかしピューリタンの持つ滅びの観念は、仏教の「無常観」のように人間を諦念に導くものではない。むしろ一層の行動を促すのだ。なぜなら**「滅び」は永遠の地獄を意味するため、つねに動いていなければ、その「滅びの回路」に入ってしまう**からである。

動けばつねに一から始められる。動くことによって、**誕生、成長、成熟、老化、衰退、そして再生**、というプロセスをこの人生の間に何回もやろうとするのである。よくいわれるように、アメリカ人は転職に躊躇せず、気楽に住所を変える、また結婚の相手を変える。これは、「変える」ということの中に、「救い」の可能性を強く見出そうとするからで、一種の国民心理、民族心理といっていい。

この二百年、アメリカは、「人種のるつぼ」あるいは「多文化社会」となった。しかし、ピューリタニズムのこうした宗教的観念は、すでに国民的精神と区別ができないほどに取り込まれ一体化している。

これを一言で言えば、「アメリカ文明の魂」というしかない。しかもこうした国柄と国民性はすでに独立前にでき上がっており、その意味では「国家としてのアメリカ」の根幹は、ほとんどすべて植民地時代にできているといわざるをえない。そしてそれは独立後も長く目に見える形で残り、アメリカの国民性を刻印し続けてきたのである。

アメリカは「四つのアメリカ」でできている

＊海を渡ることで文明の本質は変化する

つぎに、これまで見てきたアメリカの政治や外交の背後にある文明史的問題を、より大きな視野で、よりわかりやすい観点から考えてみることにしたい。

それにより、アメリカが宿命的に持つ多様性と、文明としての複雑な側面を見ることができると考えるからである。こうした側面は、オバマの施政方針や演説などにも色濃く反映しているのである。

文明としてのアメリカというのは、間違いなく、**「ヨーロッパ」が海を渡っていったもの**である。しかし、海を渡ることによって文明の本質に関わる何かが決定的に変わったといえる。

この問題を考えるとき、ヨーロッパとロシアの関係に共通点を見出すことができる。

つまり、西から東へ、または東から西へと「ウラル山脈を越える」ことで、元からあったロシア文明の何かが決定的に変わったのである。

たとえば、十三世紀に起こったウラル以東からのモンゴルの襲来も、十六世紀以後のロシア人の東進もロシアを決定的に変えた。たしかに、ピョートル大帝によって、西欧の進んだ文物を取り入れる文明開化政策が行われた十八世紀ロシアは、それ以前の十七世紀ロシアから、表面上は大きく変貌したものとなったが、ロシア文明の本質的なものが、それによって変わったわけではない。

一般的に、「文明を決定づける一番のファクターは地理である」すなわち「新しい土地に行けば文明が変わる」という文明論の仮説がアメリカについても当てはまる。

たとえば、アメリカの個人主義とか自由の観念というのは、端的にいえば**数千年来の人口密集地である西ヨーロッパから、典型的な過疎の地、北米のあの荒野に行ったところから生まれたものである。**アメリカの個人主義は、ヨーロッパのそれとは大きく本質を異にするところがある。第一次大戦後、アメリカを初めて訪れたオランダの歴史家ホイジンガは、いわゆる「アメリカ人の他人志向」の強さに驚いたという。またアメリカの自由の観念は、「封建領主からの自由」というヨーロッパの自由の観念とは根本的に違う観念に変容したものと考えられる。

この「大西洋を渡ること」の意味を、より具体的に「ヨーロッパの変質としてのアメリカ」を見ることで考えてみたい。

何度も述べてきたように、日本人のアメリカ観は一面的である。アメリカ文明のヨーロッパ的背景や「ヨーロッパ」そのものに対する理解の不十分さが、アメリカ観をさらに一層平板なものにしているようにも思われる。

その弊害を取り除くために私は、大学生がはじめてアメリカについて勉強するときには、「四つのアメリカ」を念頭に置いて文明としてのアメリカというものを見るように教えている。

そして、それは、アメリカ史における「原初」の重要性、つまり植民地時代のアメリカの歴史の大切さにつながってくるのである。

「四つのアメリカ」とは、**四つの代表的植民地の誕生の仕方**を言う。私がそれを重要と考えるのは、「アメリカの多様性」を、明確な構図として常に念頭に置くことが大切だと思うからだ。

＊初期における二つのアメリカ――「バージニア」と「ピューリタン」

ここでいう「四つのアメリカ」の第一は、「バージニア」のアメリカである。バージニアは、独立宣言の原文を起草し、第三代大統領に選ばれたトマス・ジェファーソンが典型であるように、**ジェントルマンによるプランテーション経営を中心**として植民地の歴史を刻んできた。

そこには、たしかに奴隷制の存在など多くの矛盾を抱え込んではいたが、「プランター」と呼ばれる大地主エリートをはじめ、住民の多くはイギリス国教会のメインストリーム（主流）に属していた。

社会的な価値観や行動様式は、極めて「体制的」で、しかもヨーロッパ的・イギリス的な自由の観念がよく反映されていた。つまり、**ロンドン周辺や西ないし南イングランドの各地を中心とした豊かで温和な社会的・文化的風土の地域**、つまり「オールド・イングランド」からやってきた人々が中心となってでき上がったのである。

これに対し、第二のアメリカは、同じくイギリスから海を越えてきたが、バージニアの「ジェントルマンのアメリカ」とは対極的な「ピューリタンのアメリカ」である。

地域的にはマサチューセッツを中心とするニューイングランド地方であるが、この「ニュー」という語には、限りなく理念的な意味が込められるようになっていく。マサチューセッツに移住したのは、主としてイースト・アングリアと呼ばれる、東イングランドの独特の風土と苛烈なピューリタニズムの社会・文化をもった地域からの人々だった。

この人々がめざしたものこそ、**古いイングランドとの訣別**の上に立った「ニューイングランド」だったのである。「ピューリタン」と「ジェントルマン」というのは、イギリス文明史を論じるときにしばしば言われる二項対立のパラダイムである「二つのイングランド」というテーマにも関わっている。

端的な比喩で言えば、オックスフォード大学のカルチャーは、宮廷派的つまり体制的かつ「ジェントルマン」的とたとえられるところがある。一方、それに対して**ケンブリッジはどこかつねに野党的**であり、実際野党的な「ピューリタン」の指導者を数多く生み出している。

十七世紀以後のイングランド議会は、上院は体制派の上層つまり貴族という「トーリー・ジェントルマン」で、下院は革命派の「ピューリタン」というイメージを代表してきた。

また**陸軍は「ジェントルマン」的で、海軍はより平民的でリベラルな「ピューリタン」的カルチャーの組織**と評される。

そうしたイギリス文化にある二項対立的なものが、十七世紀、アメリカへの移民が始まるときに「バージニア」と「マサチューセッツ」という形で分担され、このコントラストは非常にはっきりとアメリカ大陸に投影されている。

「ピューリタンのアメリカ」というのは、これもわかりやすい例で言えば、ハーバード大学が代表してきた雰囲気である。

ハーバード大学のある町は、まさに「ケンブリッジ」と名づけられたが、それは創設者ジョン・ハーバードのような**十七世紀ケンブリッジ大学出身の過激な反体制のピューリタンが大挙してハーバードに移ったから**である。

その生活態度は非常に堅実かつまじめで、民衆も多くの人々が、生活理念として強固なピューリタニズムを根幹にもち、独立した小農民が核家族を営んだ。刻苦勉励の「勤勉の哲学」を奉じ、**教育をもとにした人間改良の可能性**を信じていた。

進歩的で啓蒙主義的、あるいは旧約聖書を中心とした敬虔な信仰から非常に強い

「理性への信仰」が根づいていった。カルヴィン流の「予定説」から、理性万能の近代精神につながる「精神展開の帰結」として、この地方の精神風土は特異な形のリベラリズムの立場が濃厚にある。たしかに現在では大いに世俗化されてはいるが、どこかに宗教的な使命感を感じさせるような、理想主義的雰囲気を漂わせる、あのアメリカである。

独立以後の初期アメリカの歴史においては、政治勢力として、このオールド・イングランドとしての「バージニア」と、ピューリタン的理想主義の「ニューイングランド」の二つがほとんど大勢を占めていた。

イギリスとの独立戦争を戦ったときも、このバージニアとマサチューセッツの二つの植民地で全人口の六割から七割を占めており、また富はもっと集中していた。

初代ワシントンから第五代モンローや、さらには第六代ジョン・クインシー・アダムズまでのすべての大統領や、その他初期アメリカの歴史上有名な人物は、ほとんどがこのどちらかから出ている。

*その後に出てきた三つ目のアメリカ——「気安いアメリカ」

そして、第三のアメリカである。それが、**二十世紀後半の日本人がイメージしてきたアメリカ**である。つまり、マッカーサーやGHQ、あるいはベーブ・ルースやマリリン・モンローに代表される大リーグやハリウッドのアメリカ、あるいはマクドナルドやウォール街、つまり「コスモポリタニズム」あるいは「グローバリゼーション文化」のアメリカである。

そういうアメリカは、先の二つのアメリカのいずれでもない。強いて言えば、北のマサチューセッツと南のバージニアの間にある、ニューヨークやペンシルベニアの「ミッド・アトランティック（中部大西洋地域）」と呼ばれる地域の、**コスモポリタンで物質主義的な「第三のアメリカ」の伝統**の中から出てきたものといっていい。

ペンシルベニア植民地の代表的人物は、その創建者のウィリアム・ペンとベンジャミン・フランクリンである。ペンは一種の博愛思想家であり、宗教的には非常に寛容で「信教の自由」を重んじ、**人種的・宗教的な多様性を受け入れる、というニューイングランドとは異なるもう一つ別の理想主義をもってペンシルベニアを開いた**のだ。

だから、マサチューセッツのピューリタンから迫害されて追放されてきたマイナーなプロテスタント・セクト（宗派）の人々や、イギリス国籍をもたないスウェーデン人やドイツ人、ユダヤ人やオランダ人、あるいは棄民たちがそこに群がってきた。三十年戦争（一六一八―四八）で徹底的に破壊され、貧窮化したドイツからの移民や、スウェーデン系の移民、三度にわたるイギリスとの戦い（英蘭戦争、一六五二―五四、一六六五―六七、一六七二―七四）に敗れ本国から見捨てられたオランダ人、そして何よりユダヤ人も早くからこの地に定住した。

代表的な宗派でいえばクエーカー教徒である。彼らはとくに平和主義的で、マサチューセッツの宣教師のように偏狭な「戦いの文化」ではなく、人種・宗派・信条に関わりなく誰でも受け入れる「懐の深さ」があった。そして、フランクリンに代表される「金儲け礼賛」の世俗主義・物質主義が、時代が下るにつれ強まっていった。端的にいえば、みんなで仲よくやっていく「寛容と金儲け」をモットーとするプラグマティズムのアメリカである。これが第三の、そして我々日本人にとってもっとも目につきやすいアメリカである。

日本でも、明治の文明開化の時代に、**新渡戸稲造、津田梅子、内村鑑三など多くの開明的知識人がクリスチャンになった**が、クエーカーの影響を受けて改宗し、キリスト教に入った人が多い。

また、この中部大西洋地域のコスモポリタニズムは、「気安いアメリカ」で、物事を話し合いで解決し、人間の共感、絆のようなものを大切にする。だから、とくに日本人にとって受け入れやすいアメリカであった。

それと同じように、この「第三のアメリカ」のもう一つの典型は、ニューヨークが代表するアメリカだろう。ニューヨークの「心臓」、それは何といってもウォール街である。今に続くマネー・ゲームの伝統は、**「ニュー・アムステルダム」と称したオランダ植民地の時代からニューヨークの歴史的本質**だった。

ニューヨークのもう一つの顔、それは富と共に、「進歩主義」「寛容」の風俗で象徴されるアメリカであり、カリフォルニアはその「延長」にすぎない。

ユダヤ人から**有色人種まで世界中のあらゆる人間が集まる**アメリカ。そして、昭和二十年代「進駐軍」として日本にやって来たアメリカ。彼らは、日本人に慈善事業を施し、気安く日本人に声をかけ、まじめに日本人に「勉強」を教えようとした。

また当時の日本人に、非常にオープンで「陽気で明るく遊び好きのＧＩ」と親しみを感じさせたアメリカのイメージも、この「第三のアメリカ」だったといえるかもしれない。

この「第三のアメリカ」は気さくで、それでいて真面目で、そして表面はナイーブなほど人がよさそうに見える。ただ、やはりフランクリンが代表しているように、**商売とか、交渉ごとになると非常にタフ**でやり方にたけている。日本人は大体そうしたアメリカを好きになったのである。

＊最後にでき上がった第四のアメリカ――「荒々しいアメリカ」

そして、「第四のアメリカ」は、バージニアより南にあるサウスカロライナ、ジョージアで最後にでき上がったアメリカで、その後「深南部《ディープ・サウス》」と呼ばれたアメリカである。

これは「荒々しいアメリカ」「激しいアメリカ」と形容できよう。

この地域では当初より奴隷の人口が多く、**何百年にわたり絶えず奴隷の反乱に直面**していた。その一方で、先住民であるインディアンやスペイン系（ヒスパニック）少数民族との戦いもつねにくり返された。

またジョージアからテネシー、ケンタッキーの山間部にかけて、ヨーロッパでも中世以来紛争の最も激しかった北アイルランドから「スコッチ・アイリッシュ」と称したスコットランド系の荒っぽいプロテスタント移民が数多く放浪・入植した。

彼らは、地主や上の階層の人々を信用せず、既存の秩序を無視してアパラチア山系の山の中へどんどん入っていった。そして、**他人の土地を勝手に占有して、銃で武装し「居座り者《スクオッター》」となって、やがてそこに自らの農地を開いて定着**しだした。

つねに銃で自ら武装し、自分の土地は自分で守っていくという西部劇的な風土は、おのずから「荒々しいアメリカ」「激しいアメリカ」とならざるをえなかった。

このアメリカが、西へ西へと向かい始め、ミシシッピ川を越えてテキサスまで、あっという間にフロンティアを切り拓いていった。

またこのアメリカは、誰の言うことも聞かずに、独立独歩で生きていこうとする。権力とか体制とか、権威主義に対する激しい不信感と自己防衛の本能をむき出しにする、いわゆる「反知性主義」的なアメリカでもある。

また南北戦争の敗北のトラウマを二十一世紀にも抱き続けている「アメリカ」、そして、「プア・ホワイト」のイメージにも結びつく「アメリカ」である。彼らは、上からも下からも圧迫され、激しい「暴力と怨念のアメリカ」も生み出した。それは、物事を単純至極にとらえ、**敵を見つけ、そしてひたむきに自分の道を頑固に貫こうとするアメリカ**である。

こうした深南部の気風は、最大の奴隷輸入地であり、つねにワシントン（首都）政治への反逆者を生み出したサウスカロライナに典型的に発している。今では「テキサス」的と人々が感じるあの荒っぽいアメリカのイメージでもある。

それは、サウスカロライナのフロンティアで生まれ、テネシーへと流れて民兵隊長として身を立てたスコッチ・アイリッシュの出身で初の大統領となったアンドリュー・ジャクソンや、「アラモを忘れるな！」の伝説の主人公デイヴィー・クロケット、サム・ヒューストンなどに代表される「荒っぽいテキサス」のイメージと重なる。

このアメリカはまさに「先制攻撃のカルチャー」にぴったりの体質を有していると感じさせるものがある。核の先制攻撃さえ認める軍事ドクトリンを生み出した、あのブッシュ前大統領は、典型的なテキサスの男、つまりこの「第四のアメリカ」の末裔《まつえい》なのである。

＊オバマのアメリカはさらに変わるのか

では、オバマのアメリカはどう見ればいいのか。順当に見れば、オバマは人種的にも理念的にも「ミッド・アトランティック」のアメリカを代表するように思われるが、前述したように同時代の政治指導者をその出自だけで考えることは危険だ。

つまりこれからの二年半で、オバマがこの「四つのアメリカ」の顔のうち、どの面を打ち出してくるのか、ということに注目すべきであろう。しかし「アメリカという国にはつねに、この四つの顔があるのだ」ということをいつも念頭に置き、今後もそのいずれの顔が今見えているのかを意識しつつ、オバマの本質を考える必要があるということである。

そうすれば、アメリカの出方に困惑したり混乱したりすることはないだろう。

大西洋を渡り、太平洋に向かってアメリカ人が膨張していったとき、この「四つのアメリカ」が、ときには混じり合い、ときには分離と摩擦、反目と対立を引き起こしつつ、アメリカ合衆国の歴史をつくっていった。

たとえば、「第四のアメリカ」は、銃規制に対してしばしば強い抵抗を示す。アメリカ人から**鉄砲を取り上げるのがいかに難しいか**というのは、独立以来の大テーマであることを忘れてはならない。

それは、イギリス統治時代から虐げられてきたこの「第四のアメリカ」の怨念と共にあり、「銃を決して手離さない」という伝統が南部では今も強く残っている。そして、これこそ文明としてのアメリカの核心に関わる問題であるがゆえに、つねに古くて新しいアメリカ社会の難問でありつづけているのである。

「サザン・バプティスト」といわれる伝統もやはり、「第四のアメリカ」から出てきており、キリスト教原理主義とか宗教右派といわれる現在の流れも、この「南部的な心情」をどこかに宿している。

もちろん、この南部人の中には、人道的で、偏狭な宗教的信念は微塵もないという「第三のアメリカ」もしばしば併行する。

いうまでもなく、この「四つのアメリカ」は概念的なものであり、地理的に固定しているということでは決してない。これはあくまで、アメリカをとらえるための、象徴的なタイプ分けとしての意味しかない。

しかし、それはやはり厳然としてアメリカという国の、複雑な性格を雄弁に示すものなのである。この「四つのアメリカ」が、それぞれ影響し合い、それぞれが激しくぶつかり合いながら共存してきた、それがアメリカの歴史なのである。

そして、外から見て我々が「いかにもアメリカ的!」と感じるときは、この四つのうちのどれかがくっきりと顔を出し、一つの形をとって現れているときである。

すなわち今、**我々が目の前にしているアメリカは、直ちに別の顔に変化する**可能性がつねにあるということである。国家としてのアメリカとつき合うとき、このことを知ることが、日本にとって大切な「リスク・ヘッジ」ともなるのである。

しかし、ここで強調しておきたいのは、これら四つのアメリカが「国家としてのアメリカ」のあり方を、等分に支えているわけではないということである。

たしかに日本人がふだん日常的に触れるアメリカ人というのは、圧倒的に「第三のアメリカ」であるかもしれない。しかしこのアメリカ像は、個人として、あるいは社会として単に、表面的に「見えやすいアメリカ」であるにすぎないことを忘れてはならない。

それに対して、「国家としてのアメリカ」というのは、建国以来、やはりマサチューセッツとバージニアが中心となって、一つの統治のカルチャーをつくってきたアメリカなのである。使命感に燃えた理想主義と巧妙で柔軟な戦略志向がない混ぜになっている「アメリカ国家」というものに、日本の近代史は翻弄されてきたが、このことも、ここから説明がつくわけである。

理念への強い確信をもち、力と自己主張にもとづく攻撃性と共に、**リーダーシップの効率と力の原理に大変忠実な「戦略的なアメリカ」**というのが厳然としてある。そしてこれは、我々にとってもっとも「厄介なアメリカ」なのである。

もちろん見方によれば「頼もしいアメリカ」ともなるが、いずれにせよこうした歴史の上に成り立っている国家としてのアメリカは、日本にとってそもそも「コミュニケーションの難しいアメリカ」であることに変わりはない。しかし、あくまで国家としてのアメリカの根幹は、ここにあることを見失ってはならない。

個人としての**アメリカ人の中に広く見出される善意と博愛、協調と寛容の精神**の一方で、なにゆえ「国家としてのアメリカ」は、これほど違った顔をもっているのか。

その答えはアメリカの歴史の中に見出すしかない。つまり、国民としての、あるいは文化としての「四つのアメリカ」が様々に絡《から》み合いながら、「国家としてのアメリカ」を形成し、そのアメリカ国家が外交や世界への関わり方を方向づけてきたのである。

つまり、文明としてのアメリカを見る場合には、やはり物事の発生、原初に戻って考えることが大切だということである。

そうすることで、決して一面的ではない、異なったアメリカがそこにあり、オバマの「ＣＨＡＮＧＥ」ならずとも、**つねに顔を変え、つねに大きく変化する可能性を秘めた国**、それがアメリカであることを深く理解することができる。

他のどの国の場合よりも、**歴史を通してしかわからない国**、それがアメリカなのである。

今後も、日米の同盟関係は不可欠

二十世紀という世紀は、何万年という人類の歴史において、かつて例を見ないほど、極端に物質主義に偏した世紀であったように思う。

あのマルクス主義つまり「唯物史観」という、**究極の物質主義を掲げた思想と運動が二十世紀に頂点を極めた**ことからもそれがわかる。

しかし、それは今や惨めに崩壊し、二十一世紀の世界の基調は、やはりこの点で二十世紀とははっきり異なる流れになっていくだろう。

とはいえ、長年にわたった強い物質主義への志向と思考は、そう簡単に我々の頭から消え去らない。この悪弊とその余韻が、我々のアメリカを見る眼を依然として曇らせ、我々の文明観一般を拘束し続けている。

すべてを物質条件で見てしまう偏向が、至るところに残っているのだ。物質主義的な歴史観は、とりわけアメリカを見るとき深刻な誤りに陥らせる。日本人のアメリカ観も、そうした偏向によって大きく歪み続けてきた。

たとえば、アメリカ文明における宗教のもつ意義が、とりわけ「国家としてのアメリカ」が外の世界に関わるとき、過度に見過ごされてきた。

かつて哲学者・和辻哲郎は「アメリカの国民性」を分析して、その基調を、フランシス・ベーコンの物質的功利主義と、トマス・ホッブスの自己保存のための力の論理という二点に据えて裁断しようとした。

和辻は、「ベーコン的精神のアメリカにおける発展の極致」としてその物質文明を規定し、国家としてのアメリカの本質を、「快の追求と苦痛の回避、それによる自己保存のため」の国家としてしか見ようとしなかった。

このようなアメリカ観は戦後も長く受け継がれ、今日においても日本の知識人や大衆の中に深く根を下ろしているように思われる。

そのために、他方で、**アメリカを単純に「理念の共和国」あるいは「デモクラシーの帝国」と規定して、アメリカを理解したつもり**になっていた。

こうしたアメリカ観は、いずれも各時点で「日本の置かれた立場」という色眼鏡を通してアメリカを見てきたことが背景にあったと思う。

その弊を免れるためには、あえてもう一度**アメリカを突き放し、その歴史の実相を虚心に見ていく**ことしか方法はないように思う。

どの国であれ、その国の外交や国際関係のあり方を深く考えていこうとすると、どうしてもその歴史、とりわけ文明史的なものの見方が不可欠になるものだ。

そのためには、対象としている国を大きく突き放すことが求められ、またそれによって一層深くその懐に喰い入る眼が生まれてくるように思う。

私は日本の国益を考えれば、日米の同盟関係は不可欠の選択だと思っている。しかし、だからこそ、なお一層アメリカを突き放し、その懐を深く見据える眼が必要だ。

今思えば、私のアメリカ観の大きな曲がり角は湾岸戦争だった。以来この二十年、歴史の実相に沿って、「文明としてのアメリカ」を考えていく必要性をますます深く感じるようになった。

今後も衰亡の危機に直面するアメリカの舵取りが、どのように展開されるかを考えるとき、とくにその先行きや意図が読めなくなったときなど、こうしたアメリカの歴史の実相と「文明としてのアメリカ」に思いをはせる必要があるのである。

おわりに――「二つの衰退」と「中国の脅威」に対処する三つの選択

＊「越えてはならない一線」を超えてしまった日本

じつは、私はこの十五年ほどの間、「日本の衰退」が深く進行しているのではないかと考え、早くから繰り返し警鐘を鳴らしてきた。

平成七年（一九九五年）という年は、私に「経済大国の衰退」という可能性に気づかせたきっかけの年であった。この年の夏、関西の大手地銀の破綻が起こり、バブル崩壊後もかろうじてバランスを保っていた、日本の金融システムの崩落の兆しが見られた。

また、今日の米軍普天間基地問題が始まったのも、この年の秋の米兵による少女暴行事件を端緒としてであった。さらに、**オウム真理教による地下鉄サリン事件や阪神大震災**が起こったのも、この年のことであった。

テロや自然災害、米兵犯罪や銀行破綻それ自体が問題と言うのではない。そうではなく、いずれの場合も、平成日本の政府あるいは国家指導者たちが見せた対応のずさんさ、とりわけそれに対する国民の側の危機感の欠如が、私にとって大きな衝撃であった。

民主主義の先進国なら、まず絶対にあり得ないような、問題の先延ばしや「臭いものにフタ」をするだけの弥縫《びほう》策のくり返しだけで、日本の政治家と、そして国民は安心してしまったからである。

精神的な面でも、この年は戦後日本が「越えてはならない一線」としてギリギリ守ってきたものが簡単に放棄され始めた年であった。

この年の夏、歴史問題としての戦争責任について、あの「村山談話」が正式な政府の立場として打ち出されたが、実質的にそれは、近代の世界史において、唯一、「日本だけが侵略国であった」ことを、自ら内外に宣言するという意味を持つものだった。「侵略」の定義がどうであれ、これは明らかに歴史の真実とは掛け離れたもので、今後、この国の行方に深刻な問題をもたらすことになろうと、私は実感した。それから五年後、予想通り、**小泉首相の靖国参拝が内外であれほどの論議**を呼んだ。それも結局、この「村山談話」の強行と深く関わっていた。

また、二年前の田母神元空幕長の更迭をめぐって起こった紛糾も同様に、「村山談話」が原因だった。政治家や自衛隊員によるこうした問題提起は、今後も限りなく繰り返されることであろう。

しかし、こうした政治問題の頻発それ自体と共に、問題は、このような**過度な自虐史観の定着**によって、若い世代の日本人の精神構造に必ず「深い虚無感」を植え付け、それが国の将来に破滅的な結果をもたらす可能性があることである。

古来、国家の衰亡は、何よりもそうした国家観や歴史観の喪失によって、最後の止めを刺されたのである。

「村山談話」には、当時多くの日本人が強い違和感を抱いていたにも拘らず、村山内閣の自民党閣僚も含め、誰も声を挙げることなく、あたかも「白昼夢」を見ている如くに看過してしまったのである。

これこそ、私の言う「衰亡の光景」の核心にあるものであり、つまるところ、その結果が現在の政治の崩れと、日本の「ラ米化」（ラテン・アメリカ化）とも評しうる、国としての「底抜け」現象につながっているのである。

＊「衰退の危機」すら口にしなくなる危機

そして、やはりこの年、若い世代の教育を担うはずの文部省（当時）と日教組が、これまでの対立を帳消しして「歴史的和解」と呼ばれた合意に達した。というより、実質的に、これは**文部省が従来の立場を改め日教組に歩み寄った**ことを意味した。

その結果は、すぐ「ゆとり教育」や歴史教科書をめぐって表面化し、文部省自体が戦後の「日教組教育」の虜になっていたことを端なくも示すことになった。

実際、こうした現象は、平成という時代に入った頃から、文部省に限らず、霞ヶ関全体に広く見られるようになっていた。それはまた、自民党を含め永田町の政界から経済界のリーダー、そしてマスコミと、団塊の世代を中心とした日本の指導者全体の、いわゆる「左傾化」と呼ばれる平成日本の新現象の象徴的な事例であった。

歴史上、繁栄期を過ぎ、爛熟と停滞の時代に入ったとき、どの国でも、高度な教育を受けたエリート層が、いわば自己否定的ともいえる〝進歩主義〟の理念や、奇妙な「改革熱」に囚われることがしばしば見られる。

十九世紀末の大英帝国の末期や一九三〇年代のフランスは、その典型的な例であった。こうした歴史上の様々な事例を踏まえつつ、目の前に日々現出する一九九〇年代の日本の様々な現象を観察する中から、私は拙著『なぜ国家は衰亡するのか』を世に問うたのであった。

右の著書の問題意識は、あくまで「大国の衰亡」という現象一般について深く考え、その一例として平成日本の辿っている道があてはまるのではないか、というものであった。たしかに、その後の十年ほどの日本の歩みは、私の予測通りとなった。

この間、まさに「経済大国の衰退」という流れが、誰の目にも明らかに見て取ることができるようになった。しかも、この数年、その流れは急激に速度を増し、今や明らかに「日本の衰退」は、さらに深刻な第二段階に入ったように思われる。

私としては、この十数年、あれほど警鐘を鳴らしてきたつもりだったが、日本の現状を見る限り、正直言って心底、虚しい思いに駆られるのである。

西欧の歴史においては以前から言われてきたことだが、国家の衰退がいわゆる「第二段階」に入ると、「焦り」の感覚が社会に充満して、**政治を中心に激しい感情がぶつかり合い、国の進路は右に左に大きな振幅と変転を繰り返す**ようになる。

そうこうするうちに、人々は徐々に現状から目を背けるようになり、やがて誰も

「衰退の危機」を口にしなくなる。つまり、国家の衰亡の最終段階へと至るわけである。

*ラテン・アメリカ的「底抜け」と中国の脅威

本書においては、アメリカと日本の「二つの衰退」を取り上げたが、そこでの主要な問題・関心は、あくまで**ゆるやかな「大国の衰退」の道を辿りつつあるアメリカ**に対し、二十一世紀に入って急激に「衰退の第二段階」へと進みつつある日本との対比である。

また、この二つの国の「衰退の論理と生理」の間に見られるコントラストである。ひと頃、わが国では「アメリカの衰退」について、人々は気軽に論じて書いたものであった。しかし、この二十年の間に、急速に進んだ「日本の衰退」は、もしかすると、「底が抜け」て、一気に〝第三段階〟へと進む究極の危うさを宿したものとなりつつある。

もはや「アメリカの衰退」だけを暢気《のんき》に語る資格は、我々にはなくなったと言わなければならない。それは、いつも「日本の衰退」と合わせ論じられる必要があり、本書の目的は、このことを今、多くの日本人に訴えるところにある。

アメリカは世界史上の超大国として、今や明らかに長期的な「大国の衰退」の流れの中にある。しかし、そこには何度も立て直しの試みが残っている。

一方、日本の衰退は全く異質な類型のもので、そこでは「ラテン・アメリカ的」な底抜け《デフォルト》的現象が起きる危険がある。

そして、平行して進むこの「二つの衰退」の背後に、**「中国の興隆」という第三の潮流がせり上がってくる**のである。

本書では、「破裂的な内部崩壊」（インピュージョン）の危険はあるとしても、決して衰退の過程にあるわけではない中国については詳しく取り上げていない。

しかし、「二つの衰退」を平行して取り上げたのは、まさに、この隠れた主役――日米双方にとって今や忘れえぬ他者――としての中国をつねに念頭に置いているからである。

穏やかに衰退するアメリカ、急激に「国家衰亡」の危険水域に入った日本、そして、その背後で急速に膨張する中国。その中で、日本にはどんな選択が可能なのか。このように見れば、現在の日本は、国として未曾有の大きな分岐路に立っている。

＊二つの衰退をしのぐ「最良の選択」とは

理論的に言って、そこには三つの選択肢があるのだろう。

第一は、「中国に（あえて）飲み込まれる」という選択だ。昨今の日本で唱えられている〝東アジア共同体〟という考えは、意識するとしないとに拘らず、この選択をとろうとするものである。

第二の選択は、あくまで現在の日米関係の上に立って「アメリカを助けて頑張る」というものである。しかし、それには、「いつまで？」という問い掛けが起こってくる。また、いつ急激に進み始めるかもしれない**「アメリカの衰退」と、日本が運命共同体となる覚悟**も求められるだろう。

そして、第三の選択は「自力で立つ日本」である。言うまでもなく、第二と第三の選択には、その前提として現在の「危うい衰退」の中にある日本自身の活力の再生が求められる。とりわけ、この第三の選択肢は、画期的な「日本の再生」なしには考えられない。

本書は、あくまで「二つの衰退」の現象とその本質について考えることを目的とするものだから、必ずしもこうした「大戦略的」な選択を直接のテーマにする内容ではない。

しかし、ここで、私なりの結論をあえて提示しておけば、独自の文明と現在の**民主主義の体制を維持することを国是とする日本**にとって、第一の選択はあり得ないものだ。私は、国家としての日本の戦略として、結局、第二の選択と第三の選択の組み合わせしかあり得ないと思うのである。

なぜなら、第二の日米路線だけでは、この国の真の活性化は難しいし、第三の選択肢だけでは、「日本の再生」に取り組むための「時間稼ぎ」が不可能となる。

いずれにせよ、本書はこうした戦略論を目的とするものではなく、それらは別途、機会があればより厳密な議論として取り組んでみたい。

〈著者紹介〉
中西 輝政(なかにし・てるまさ)1947年、大阪生まれ。京都大学法学部卒業。英国ケンブリッジ大学歴史学部大学院修了。京都大学助手、三重大学助教授、スタンフォード大学客員研究員、静岡県立大学教授を経て、京都大学大学院教授(総合人間学部教授を兼任)。専攻は国際政治学、国際関係史、文明史。90年、石橋湛山賞、2002年、正論大賞受賞。

アメリカの不運、日本の不幸
民意と政権交代が国を滅ぼす
2010年7月30日　第1刷発行

著　者　中西輝政
発行人　見城 徹
編集人　福島広司
発行所　株式会社 幻冬舎
〒151-0051　東京都渋谷区千駄ヶ谷4-9-7

電話：03(5411)6211(編集)
03(5411)6222(営業)
振替：00120-8-767643
印刷・製本所：図書印刷株式会社

検印廃止

ISBN978-4-344-01872-3 C0095
幻冬舎ホームページアドレス　http://www.gentosha.co.jp/

この本に関するご意見・ご感想をメールでお寄せいただく場合は、
comment@gentosha.co.jpまで。